Carina Wagner/Anne Kathrin Marsch/Carolin Donat

Katholische Religion an Stationen

Handlungsorientierte Materialien zu den Kernthemen der
Klassen 1 und 2

In diesem Werk sind nach dem MarkenG geschützte Marken und sonstige Kennzeichen für eine bessere Lesbarkeit nicht besonders kenntlich gemacht. Es kann also aus dem Fehlen eines entsprechenden Hinweises nicht geschlossen werden, dass es sich um einen freien Warennamen handelt.

6. Auflage 2024
© 2009 Auer Verlag, Augsburg
AAP Lehrerwelt GmbH
Alle Rechte vorbehalten.

Das Werk als Ganzes sowie in seinen Teilen unterliegt dem deutschen Urheberrecht. Der*die Erwerber*in der Einzellizenz ist berechtigt, das Werk als Ganzes oder in seinen Teilen für den eigenen Gebrauch und den Einsatz im eigenen Präsenz- oder Distanzunterricht zu nutzen.

Produkte, die aufgrund ihres Bestimmungszweckes zur Vervielfältigung und Weitergabe zu Unterrichtszwecken gedacht sind (insbesondere Kopiervorlagen und Arbeitsblätter), dürfen zu Unterrichtszwecken vervielfältigt und weitergegeben werden. Die Nutzung ist nur für den genannten Zweck gestattet, nicht jedoch für einen schulweiten Einsatz und Gebrauch, für die Weiterleitung an Dritte einschließlich weiterer Lehrkräfte, für die Veröffentlichung im Internet oder in (Schul-)Intranets oder einen weiteren kommerziellen Gebrauch. Mit dem Kauf einer Schullizenz ist die Schule berechtigt, die Inhalte durch alle Lehrkräfte des Kollegiums der erwerbenden Schule sowie durch die Schüler*innen der Schule und deren Eltern zu nutzen. Nicht erlaubt ist die Weiterleitung der Inhalte an Lehrkräfte, Schüler*innen, Eltern, andere Personen, soziale Netzwerke, Downloaddienste oder Ähnliches außerhalb der eigenen Schule. Eine über den genannten Zweck hinausgehende Nutzung bedarf in jedem Fall der vorherigen schriftlichen Zustimmung des Verlags.

Sind Internetadressen in diesem Werk angegeben, wurden diese vom Verlag sorgfältig geprüft. Da wir auf die externen Seiten weder inhaltliche noch gestalterische Einflussmöglichkeiten haben, können wir nicht garantieren, dass die Inhalte zu einem späteren Zeitpunkt noch dieselben sind wie zum Zeitpunkt der Drucklegung. Der Auer Verlag übernimmt deshalb keine Gewähr für die Aktualität und den Inhalt dieser Internetseiten oder solcher, die mit ihnen verlinkt sind, und schließt jegliche Haftung aus.

Autor*innen: Carina Wagner, Anne Kathrin Marsch, Carolin Donat
Illustrationen: Corina Beurenmeister
Satz: Fotosatz H. Buck, Kumhausen
Druck und Bindung: PMLS GmbH & Co. KG, Kassel
ISBN 978-3-403-**06425**-1

www.auer-verlag.de

Inhalt

Vorwort 4

Materialaufstellung 5

Ich bin einmalig – Wir leben nicht allein

Station 1: Steckbrief – Das bin ICH 8
Station 2: ICH und meine Familie 8
Station 3: Das kann ich 9
Station 4: Das macht mich glücklich
– das macht mich traurig 9
Station 5: Wir bilden eine Gemeinschaft .. 10
Station 6: Wodurch wir uns unterscheiden . 10
Station 7: Gefühle 11
Station 8: Mein Gefühlsbarometer 11

Arbeitsblätter 12

Schöpfung – Wir betrachten, was Gott hat werden lassen

Station 1: Schöpfungstage 18
Station 2: Pflanzen................... 18
Station 3: Was Gott erschaffen hat 19
Station 4: Fühlstation – die Schöpfung spüren 19
Station 5: Hörstation – unsere Erde 20
Station 6: Wie kann ich die Erde schützen? . 20
Station 7: Wie wunderbar 21
Station 8: Unsere schöne Welt 21

Arbeitsblätter 22

Gott spricht zu Jona

Station 1: Jona – Bildgeschichte 31
Station 2: Gott ruft Jona 31
Station 3: Jona wird gerettet 32
Station 4: Jona im Bauch des Fisches 32
Station 5: Im Walfisch 33
Station 6: Aus dem Fisch heraus 33
Station 7: Jona in Ninive 34
Station 8: Gott verzeiht den Menschen.... 34

Arbeitsblätter 35

Josefsgeschichte

Station 1: Josef wird verkauft 44
Station 2: Josef in Ägypten 44
Station 3: Josefs Gewand 45
Station 4: Josef im Brunnen 45
Station 5: Neid und Eifersucht......... 46
Station 6: Träume 46
Station 7: Traumdeuter 47
Station 8: Die Träume des Pharaos 47
Station 9: Josef und seine Familie feiern ein Versöhnungsfest 48
Station 10: Rätsel zur Josefsgeschichte 48

Arbeitsblätter 49

Symbol: Licht

Station 1: Wort-Kerze 60
Station 2: Bild-Collage: Licht 60
Station 3: Hell und dunkel 61
Station 4: Die Kerze 61
Station 5: Tisch-Laterne 62
Station 6: Licht in der Dunkelheit 62

Arbeitsblätter 63

Jesus wendet sich den Kindern zu

Station 1: Jesus segnet die Kinder 68
Station 2: Auch ich gehöre zu Jesus 68
Station 3: Segen für Kinder 69
Station 4: Segnen 69
Station 5: Gottes Schutz 70
Station 6: Was uns schützt 70
Station 7: Memory 71

Arbeitsblätter 72

Anhang

Laufzettel 79
Lösungen 80

Vorwort

Bei den vorliegenden Stationsarbeiten handelt es sich um eine Arbeitsform, bei der unterschiedliche Lernvoraussetzungen, unterschiedliche Zugänge und Betrachtungsweisen und unterschiedliche Lern- und Arbeitstempi der Schüler[1] Berücksichtigung finden. Die Grundidee ist, den Schülern einzelne Arbeitsstationen anzubieten, an denen sie gleichzeitig selbstständig arbeiten können. Die Reihenfolge des Bearbeitens der einzelnen Stationen ist dabei ebenso frei wählbar wie das Arbeitstempo und meist auch die Sozialform.

Als dominierende Unterrichtsprinzipien sind bei allen Stationen Schüler- und Handlungsorientierung aufzuführen. Schülerorientierung meint, dass der Lehrer in den Hintergrund tritt und nicht mehr im Mittelpunkt der Interaktion steht. Er wird zum Beobachter, Berater und Moderator. Seine Aufgabe ist nicht das Strukturieren und Darbieten des Lerngegenstandes in kleinsten Schritten, sondern durch die vorbereiteten Stationen eine Lernatmosphäre zu schaffen, in der Schüler sich Unterrichtsinhalte eigenständig erarbeiten bzw. Lerninhalte festigen und vertiefen können.

Handlungsorientierung meint, dass das angebotene Material und die Arbeitsaufträge für sich selbst sprechen. Der Unterrichtsgegenstand und die zu gewinnenden Erkenntnisse werden nicht durch den Lehrer dargeboten, sondern durch die Auseinandersetzung mit dem Material und die eigene Tätigkeit gewonnen und begriffen.

Ziel der Veröffentlichung ist, wie oben angesprochen, das Anknüpfen an unterschiedliche Lernvoraussetzungen der Schüler. Jeder einzelne Schüler erhält seinen eigenen Zugang zum inhaltlichen Lernstoff. Die einzelnen Stationen ermöglichen das Lernen mit allen Sinnen bzw. nach den verschiedenen Eingangskanälen. Dabei werden sowohl visuelle (sehorientierte), haptische (fühlorientierte) als auch intellektuelle Lerntypen angesprochen. An dieser Stelle werden auch gleichermaßen die Bruner'schen Repräsentationsebenen (enaktiv bzw. handelnd, ikonisch bzw. visuell und symbolisch) mit einbezogen. Aus Ergebnissen der Wissenschaft ist bekannt: Je mehr Eingangskanäle angesprochen werden, umso besser und langfristiger wird Wissen gespeichert und damit umso fester verankert.

Viel Freude und Erfolg mit dem vorliegenden Heft wünschen Ihnen
die Herausgeber

Marco Bettner   *Dr. Erik Dinges*

---

[1] Aufgrund der besseren Lesbarkeit ist in diesem Buch mit Schüler immer auch Schülerin gemeint, ebenso verhält es sich mit Lehrer und Lehrerin etc.

Materialaufstellung

Zu jeder Station zustätzlich zu den unten aufgeführten Materialien die Karte mit den Arbeitsanweisungen 1-mal kopieren und ggf. laminieren. Eventuell Karten zusätzlich in Klassenstärke als Arbeitskarten anbieten. Arbeitsblätter jeweils im Klassensatz kopieren. Schreibstifte an den Stationen bereitlegen. Bei Karten mit viel Text ggf. Stationen vorab besprechen.

Ich bin einmalig – Wir leben nicht allein

Station 1: Steckbrief – Das bin ICH
- Arbeitsblatt
- bunte Stifte
- farbige Stempelkissen
- leere Toilettenpapierrollen (als Maß für die Körpergröße)
- evtl. Foto der Schüler (ggf. in der Klasse zuvor mit Digitalkamera aufnehmen). Die Kinder können aber auch ein Bild von sich malen.

Station 2: ICH und meine Familie
- weißes Papier (in ausreichender Anzahl)
- bunte Stifte
- Schere

Station 3: Das kann ich ...
- Arbeitsblatt
- bunte Stifte

Station 4: Das macht mich glücklich – das macht mich traurig
- Arbeitsblatt
- bunte Stifte

Station 5: Wir bilden eine Gemeinschaft
- weißes Papier (in ausreichender Anzahl)
- bunte Stifte
- großes Plakat

Station 6: Wodurch wir uns unterscheiden
- Arbeitsblatt mit Körperumriss (Kopieren Sie das Blatt mit wenig Toner – so können die Kinder die Umrisse besser übermalen.)
- bunte Stifte

Station 7: Gefühle
- Arbeitsblatt
- bunte Stifte

Station 8: Mein Gefühlsbarometer
- Arbeitsblatt
- Schere
- Klebestift
- festes Papier/Pappe
- Musterbeutelklammer
- Pinnwandnadel
- bunte Stifte

Schöpfung – Wir betrachten, was Gott hat werden lassen

Station 1: Schöpfungstage
- 2 Arbeitsblätter
- Schere
- Klebestift
- bunte Stifte

Station 2: Pflanzen
- Arbeitsblatt
- Teller
- Watte
- Kressesamen
- Wasser
- Gießkanne oder Becher

Station 3: Was Gott erschaffen hat
- Arbeitsblatt
- Bildkarten (1 Klassensatz Kopien)
- Wortkarten (1 Klassensatz laminierte Kopien)
- bunte Stifte
- Klebestift
- Schere

Station 4: Fühlstation – die Schöpfung spüren
- Kisten mit Fühlmaterial, evtl. leere Fühlkisten
- Kontrollkarten (individuell erstellen)
- Papier
- Bastelmaterial, z. B. Schmirgelpapier, Felle, Stoffreste, Blätter, Moos, Baumfrüchte, Steine, Wolle, Filz, zerknäultes Krepp-Papier, Pergamentpapier, Backpapier (zerknäult)
- flüssiger Klebstoff
- mehrere leere Fühlkisten (Schuhkarton mit Loch im Deckel o. Ä.)

Station 5: Hörstation – unsere Erde
- weißes Papier (in ausreichender Anzahl)
- CD
- CD-Player
- Kontrollkarten (individuell erstellen)

Station 6: Wie kann ich die Erde schützen?
- Arbeitsblatt
- bunte Stifte

Station 7: Wie wunderbar
- Arbeitsblatt
- Schere
- Klebestift
- bunte Stifte
- großes Plakat

Station 8: Unsere schöne Welt
- Arbeitsblatt
- Schere
- Klebestift
- bunte Stifte

Gott spricht zu Jona

Station 1: Jona – Bildgeschichte
- 2 Arbeitsblätter
- Schere
- Klebestift
- bunte Stifte

Station 2: Gott ruft Jona
- Arbeitsblatt
- bunte Stifte

Station 3: Jona wird gerettet
- Arbeitsblatt
- bunte Stifte

Station 4: Jona im Bauch des Fisches
- Arbeitsblatt
- bunte Stifte

Station 5: Im Walfisch
- Walschablone (in ausreichender Anzahl)
- festes weißes Papier (in ausreichender Anzahl)
- bunte Stifte
- Schere
- Klebestift
- Bastelmaterial (Stoffreste, Gold- und Silberfolie, Krepp-Papier)

Station 6: Aus dem Fisch heraus
- Arbeitsblatt
- Bleistift
- Radiergummi

Station 7: Jona in Ninive
- Arbeitsblatt
- Stifte

Station 8: Gott verzeiht den Menschen
- Arbeitsblatt
- Stifte

Josefsgeschichte

Station 1: Josef wird verkauft
- 2 Arbeitsblätter
- Schere
- Klebestift
- bunte Stifte

Station 2: Josef in Ägypten
- 2 Arbeitsblätter
- Schere
- Klebestift
- bunte Stifte

Station 3: Josefs Gewand
- bunte Stifte
- Arbeitsblatt
- Schere
- flüssiger Klebstoff
- Stoffreste
- Bastelmaterial (Glitzersteine, bunte Bänder o. Ä.)

Station 4: Josef im Brunnen
- mehrere große Kisten/Kartons
- mehrere Eieruhren

Station 5: Neid und Eifersucht
- Arbeitsblatt (1 Klassensatz Kopien)
- bunte Stifte

Station 6: Träume
- Arbeitsblatt

Station 7: Traumdeuter
- Arbeitsblatt

Station 8: Die Träume des Pharaos
- Arbeitsblatt
- bunte Stifte

Station 9: Josef und seine Familie feiern ein Versöhnungsfest
- weißes Papier (in ausreichender Anzahl)
- bunte Stifte

Station 10: Rätsel zur Josefsgeschichte
- Arbeitsblatt

Symbol: Licht

Station 1: Wort-Kerze
- Arbeitsblatt (1 Klassensatz Kopien)
- bunte Stifte

Station 2: Bild-Collage: Licht
- weißes Papier (in ausreichender Anzahl)
- buntes Papier in hellen Farben („Lichtfarben")
- helles Bastelmaterial, z.B. Wolle, Krepp-Papier, Stoffe, Transparent- und Regenbogenpapier
- Zeitschriften/Prospekte mit Abbildungen von Dingen, die nur mithilfe von Licht wachsen (Obst/Gemüse), nur mithilfe von Licht in Betrieb sind (Solarlampen) o. Ä.
- Schere
- Klebestift

Station 3: Hell und Dunkel
- Arbeitsblatt
- bunte Stifte

Station 4: Die Kerze
- Arbeitsblatt (Kopieren Sie für schreibende Schüler das Blatt mit viel Toner, dann ist die Lineatur gut sichtbar. Für Schüler, die nicht schreiben können oder wollen, kopieren Sie das Blatt heller – so entsteht Platz zum Malen.)
- bunte Stifte

Station 5: Tisch-Laterne
- Arbeitsblatt
- Schere
- Klebestift
- Pinnwandnadel/Prickelnadel
- Teelicht

Station 6: Licht in der Dunkelheit
- Arbeitsblatt
- weißes Papier (in ausreichender Anzahl)
- bunte Stifte

Jesus wendet sich den Kindern zu

Station 1: Jesus segnet die Kinder
- Arbeitsblatt
- Schere
- Klebestift

Station 2: Auch ich gehöre zu Jesus
- Arbeitsblatt
- Schere
- Klebestift
- bunte Stifte
- großes Plakat

Station 3: Segen für Kinder
- Arbeitsblatt
- Schere
- Klebestift
- bunte Stifte
- Bastelmaterial, z. B. Gold- und Silberfolie, Pailletten, evtl. Schmuckranken zum Ausmalen

Station 4: Segnen (Partnerarbeit)
- Arbeitsblatt
- bunte Stifte

Station 5: Gottes Schutz
- Arbeitsblatt
- bunte Stifte

Station 6: Was uns schützt
- Arbeitsblatt
- bunte Stifte

Station 7: Memory (Partnerarbeit)
- Arbeitsblatt (auf festes Papier kopieren, Anzahl je nach Klassengröße)
- Schere
- bunte Stifte

| Station 1 | Steckbrief – Das bin ICH |  |

Aufgabe: 1. Nimm dir einen Steckbrief.

2. Fülle ihn aus.

3. Male ihn bunt an.

| Station 2 | ICH und meine Familie |  |

Aufgabe: 1. Nimm dir ein weißes Blatt Papier.

2. Male dich und deine Familie in die Mitte des Blattes.

3. Male dein Haustier, deine Freunde oder Dinge, die dir wichtig sind, dazu.

4. Schreibe die Namen dazu.

Beispiel: So könnte dein Blatt aussehen:

Station 3 — Das kann ich ...

Aufgabe: 1. Nimm dir ein Arbeitsblatt.

2. Überlege dir, was du gut kannst und was du an dir magst. Fällt dir auch etwas ein, was du noch nicht so gut kannst?

3. Male oder schreibe es auf.

Beispiel: Das kann ich besonders gut:

- Fußball spielen
- Zuhören
- Rechnen

Station 4 — Das macht mich glücklich – das macht mich traurig

Aufgabe: 1. Nimm dir ein Arbeitsblatt.

2. Überlege dir, was dich glücklich und was dich traurig macht.

3. Male oder schreibe es auf.

Beispiel: So könnte dein Blatt aussehen:

Station 5 — Wir bilden eine Gemeinschaft

Aufgabe:
1. Nimm dir ein weißes Blatt Papier.
2. Zeichne mit einem Stift um deine Hand herum.
3. Schneide sie aus. Male sie bunt an.
4. Klebe deine Hand auf das große Plakat.

Beispiel: So könnte das Plakat aussehen:

Station 6 — Wodurch wir uns unterscheiden

Aufgabe:
1. Nimm dir ein Arbeitsblatt.
2. Überlege dir mit deinem Partner, wodurch ihr euch unterscheidet.
3. Wie siehst du aus? Male!
4. Achte zum Beispiel auf die Haare, die Augen und die Kleidung.

Beispiel: So könnte das Blatt aussehen:

| Station 7 | Gefühle |  |

Aufgabe: 1. Nimm dir ein Arbeitsblatt.

2. Lies es dir gut durch.

3. Fülle es aus.

| Station 8 | Mein Gefühlsbarometer |  |

Aufgabe: 1. Nimm dir ein Arbeitsblatt.

2. Welches Gesicht passt zu welchem Wort?

3. Schneide die Gesichter aus und klebe sie richtig auf.

4. Klebe den großen Kreis und den Pfeil auf Pappe.

5. Schneide beides aus.

6. Stich ein Loch durch die beiden schwarzen Punkte.

7. Verbinde den Kreis und den Pfeil mit der Klammer.

Tipp: Kontrolliere mit dem Lösungsblatt.

Station 1: Steckbrief – Das bin ICH

Mein Steckbrief

Vorname:

Name:

Mein Spitzname:

Mein Geburtstag:

Das bin ICH

Größe:

Haarfarbe:

Augenfarbe:

Daumenabdruck

Das mache ICH gerne:

Mein Lieblingsessen:

Meine Lieblingsfarbe:

Das will ICH einmal werden:

Station 3 — Das kann ich …

Das kann ich besonders gut …
Das mag ich an mir …

Das kann ich noch nicht so gut und möchte ich noch lernen …

Station 4 — *Das macht mich glücklich – das macht mich traurig*

 Das macht mich glücklich …

 Das macht mich traurig …

Station 6 — Wodurch wir uns unterscheiden

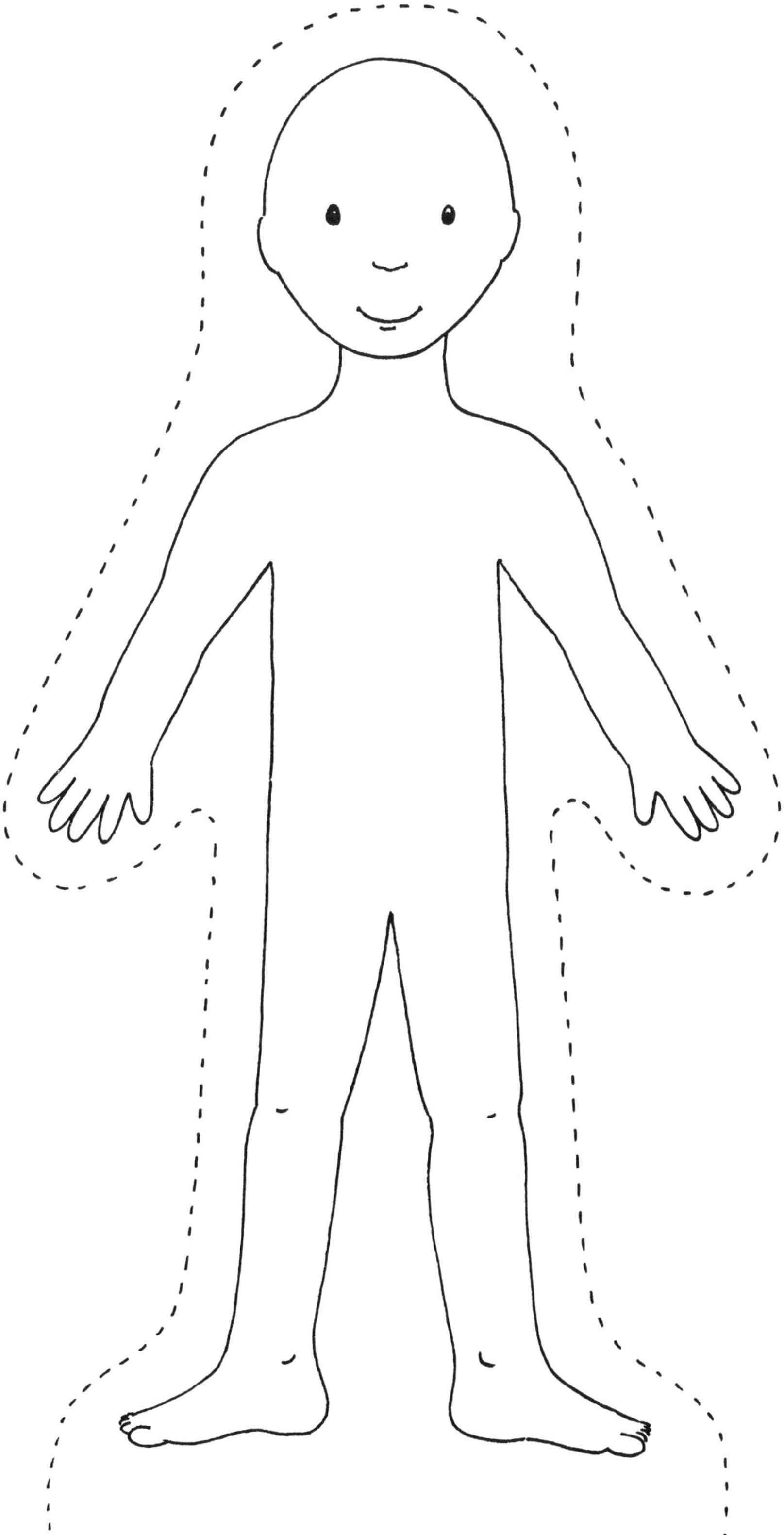

Station 7 — Gefühle

In verschiedenen Situationen habe ich unterschiedliche Gefühle.

Manchmal bin ich …

 … traurig    … glücklich    … fröhlich

 … ängstlich    … ärgerlich    … stolz

a) Fallen dir noch andere Gefühle ein.

Male oder schreibe sie auf.

b) Wie würdest du dich fühlen? Schreibe das Gefühl auf.

1. Lisa ist allein zu Hause. Plötzlich hört sie seltsame Geräusche.

2. Tim hat in der Mathearbeit eine Eins geschrieben und freut sich.

3. Die Fußballmannschaft von Nils hat das Spiel 1:0 verloren.

4. Zum Geburtstag bekommt Eva einen Hasen geschenkt, den sie sich schon lange gewünscht hat.

5. David ist wütend. Er darf sich nicht mit seinem Freund treffen, weil er seine Hausaufgaben nicht gemacht hat.

Station 8 — Mein Gefühlsbarometer

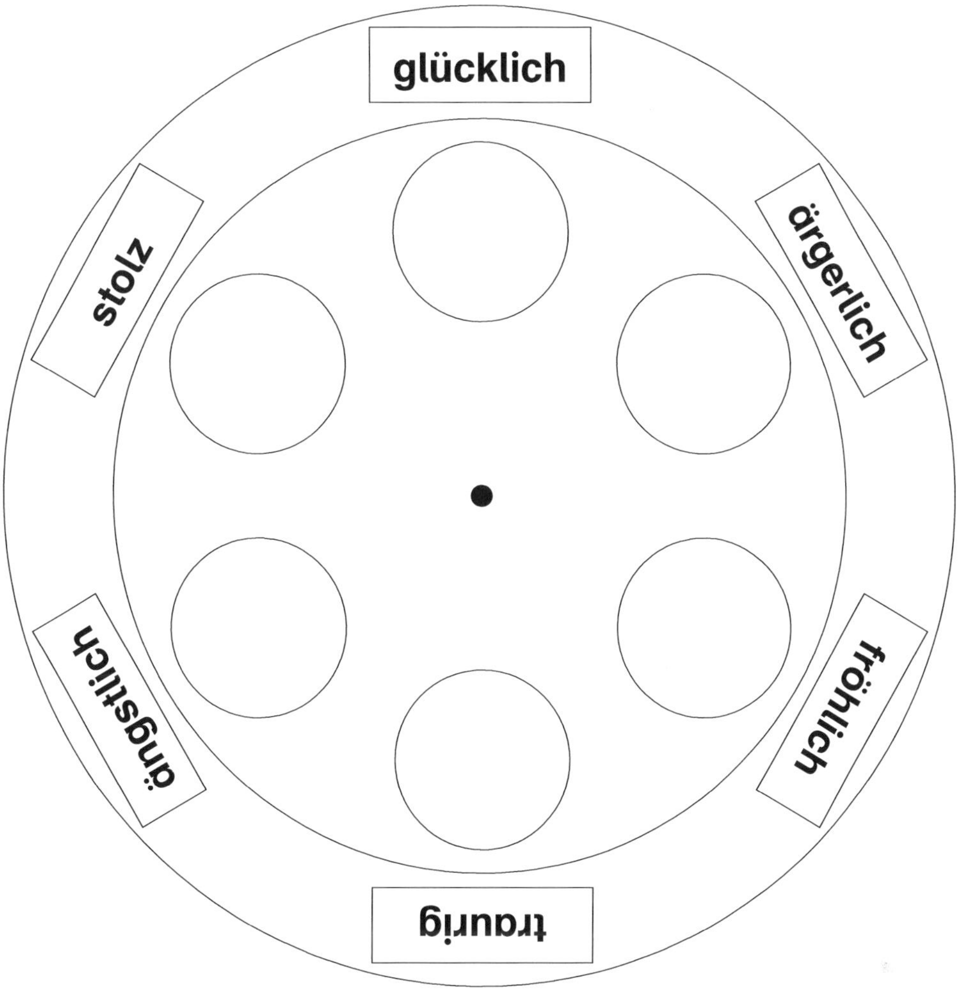

- glücklich
- ärgerlich
- fröhlich
- traurig
- ängstlich
- stolz

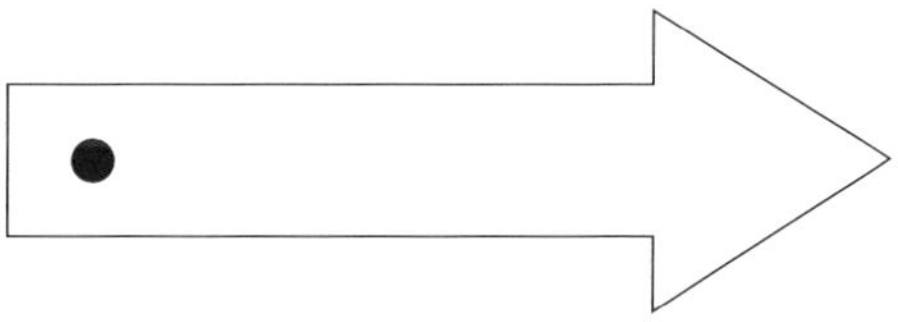

Station 1 — Schöpfungstage

Aufgabe:
1. Nimm dir die beiden Arbeitsblätter.
2. Lies die Texte.
3. Schau dir die Bilder an.
4. Welches Bild passt zu welchem Text?
5. Schneide die Bilder aus. Lege alle zuerst auf das Blatt. Klebe sie dann richtig auf.
6. Kontrolliere mit dem Lösungsblatt.
7. Male an.

Station 2 — Pflanzen

Aufgabe:
1. Lege den Teller mit Watte aus.
2. Streue jetzt die Kressesamen darüber.
3. Gieße ein wenig Wasser über die Samen.
4. Stelle den Teller auf die Fensterbank an das Licht.
5. Nimm dir ein Arbeitsblatt. Male und schreibe, was du gemacht hast.
6. Gieße die Kresse alle 2 Tage und beobachte, was passiert.
7. Male und schreibe es dann sofort auf.

Station 3 — Was Gott erschaffen hat

Aufgabe:
1. Nimm dir die beiden Arbeitsblätter. Schau dir die Bilder an und schneide sie aus.
2. Lies die Wörter. Schneide die Karten aus.
3. Ordne die Bilder den Wörtern zu.
4. Überlege nun, was Gott erschaffen hat und was vom Menschen stammt.
5. Nimm dir das leere Arbeitsblatt.
6. Klebe die Dinge, die von Gott erschaffen sind, in die Kästchen und schreibe das passende Wort dazu.

Tipp: Kontrolliere mit dem Lösungsblatt.

Station 4 — Fühlstation – die Schöpfung spüren

Aufgabe:
1. Greife in die Kiste. Was fühlst du?
2. Kontrolliere später, ob du das Richtige erfühlt hast.
3. Bastle jetzt ein Fühlbild. Klebe dazu verschiedene Materialien auf ein Blatt.
4. Suche dir einen Partner.
5. Lass ihn die Augen schließen und dein Blatt ertasten.

Tipp: Lege dein Bild in eine leere Fühlkiste.

Station 5	*Hörstation – unsere Erde*	

Aufgabe: 1. Höre dir die Geräusche gut an.

2. Sei dabei ganz ruhig und schließe die Augen.

3. Achte nur auf die Geräusche. Was kannst du hören?

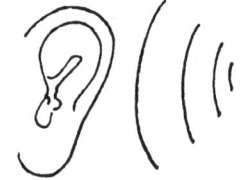

4. Male oder schreibe auf, was du gehört hast.

Tipp: Du darfst die Geräusche auch mehrmals anhören.

Station 6	*Wie kann ich die Erde schützen?*	

Aufgabe: 1. Nimm dir ein Arbeitsblatt.

2. Wie kannst du helfen, damit es der Erde gut geht?

3. Kreuze das Richtige an.

4. Finde weitere Beispiele.

5. Male und schreibe sie in die leeren Kästchen.

Station 7	*Wie wunderbar ...*	

Aufgabe:
1. Nimm dir ein Arbeitsblatt.
2. Es gibt vieles auf der Erde, was für uns wunderbar ist.
3. Überlege, was du wunderbar findest.
   Was ist dir wichtig?
   Was bringt dich zum Staunen?
4. Schreibe oder male es in den Stern.
5. Schneide den Stern aus.
6. Klebe ihn auf das Plakat.

Station 8	*Unsere schöne Welt*	

Aufgabe:
1. Schneide das Blatt an der gestrichelten Linie ab.
2. Schneide nun die Puzzleteile aus.
3. Lege das Puzzle in die Vorlage.
4. Klebe das Puzzle richtig auf.
5. Male es aus.

Station 1 — Schöpfungstage 1

Gott, unser Schöpfer, wir loben dich von ganzem Herzen.

1. Tag

Die Erde war dunkel und leer.
Da sagtest du: „Es werde Licht!"

2. Tag

Umgeben von Licht breitest du
den Himmel und die Wolken aus.

3. Tag

Grüne Wiesen und Bäume
hast du auf der Erde wachsen lassen.

4. Tag

Der Mond steht am Himmel
und die Sonne wärmt uns!

5. Tag

Du lässt Vögel fliegen
und Fische im Meer schwimmen.

6. Tag

Menschen und Tiere dürfen
auf deiner Erde leben.

7. Tag

Die Welt ist voller Wunder,
die du uns geschenkt hast!

Station 1   *Schöpfungstage 2*

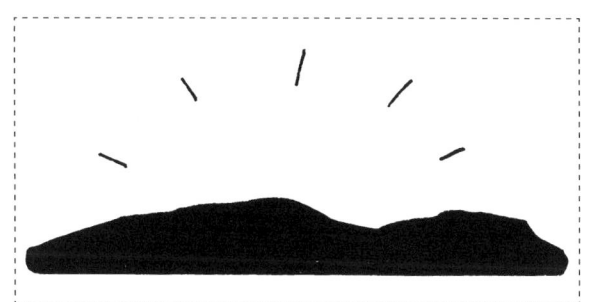 

 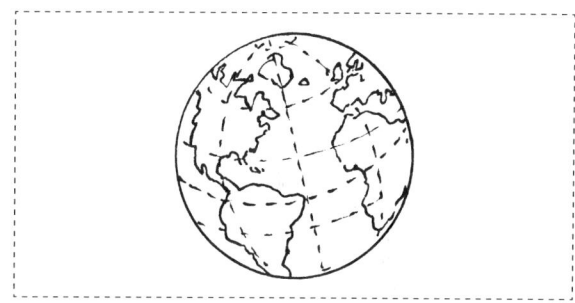

Station 2 — Pflanzen

Kresse wächst so schnell, dass du fast zugucken kannst.

1. Tag der Beobachtung

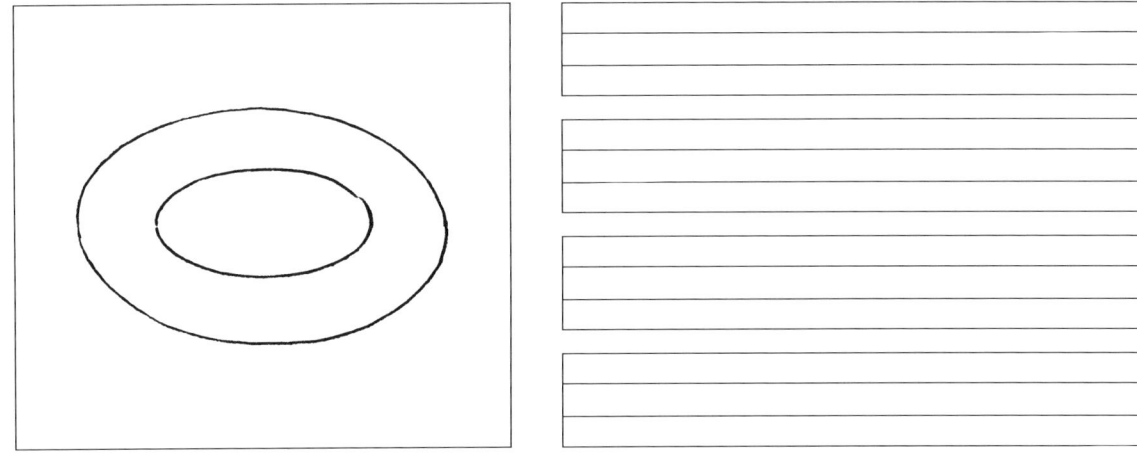

2. Tag der Beobachtung

3. Tag der Beobachtung

Station 3 — **Was Gott erschaffen hat (Bildkarten)**

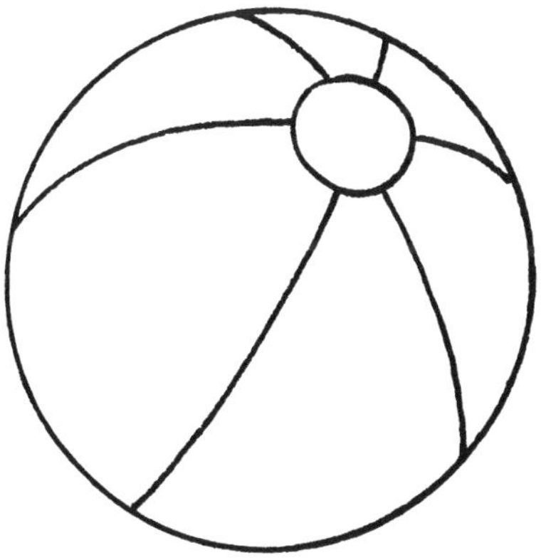

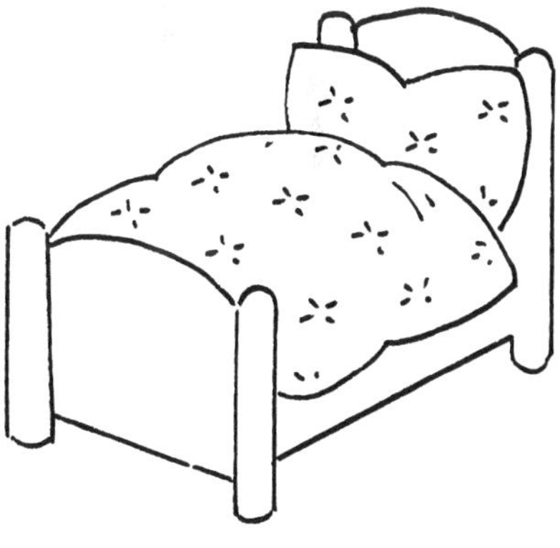

Station 3 — Was Gott erschaffen hat (Wortkarten)

Sonne	Auto	Blumen
Baum	Himmel	Ball
Vögel	Computer	Wolken
Bett	Schuhe	Schiff

Station 3 — Was Gott erschaffen hat

Station 6 — *Wie kann ich die Erde schützen?*

Wie kannst du helfen, damit es der Erde gut geht? Kreuze das Richtige an.

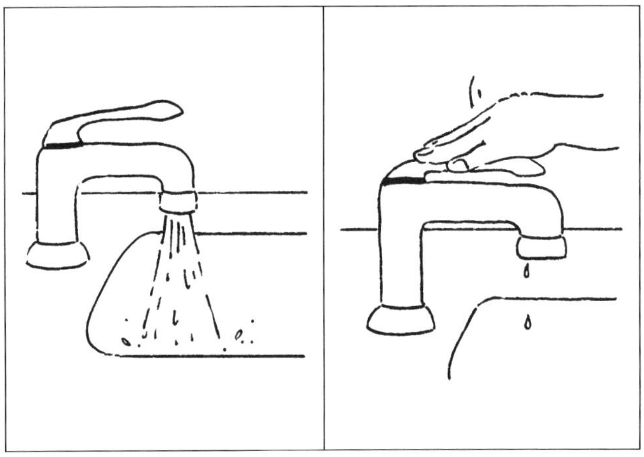

Station 7 — Wie wunderbar …

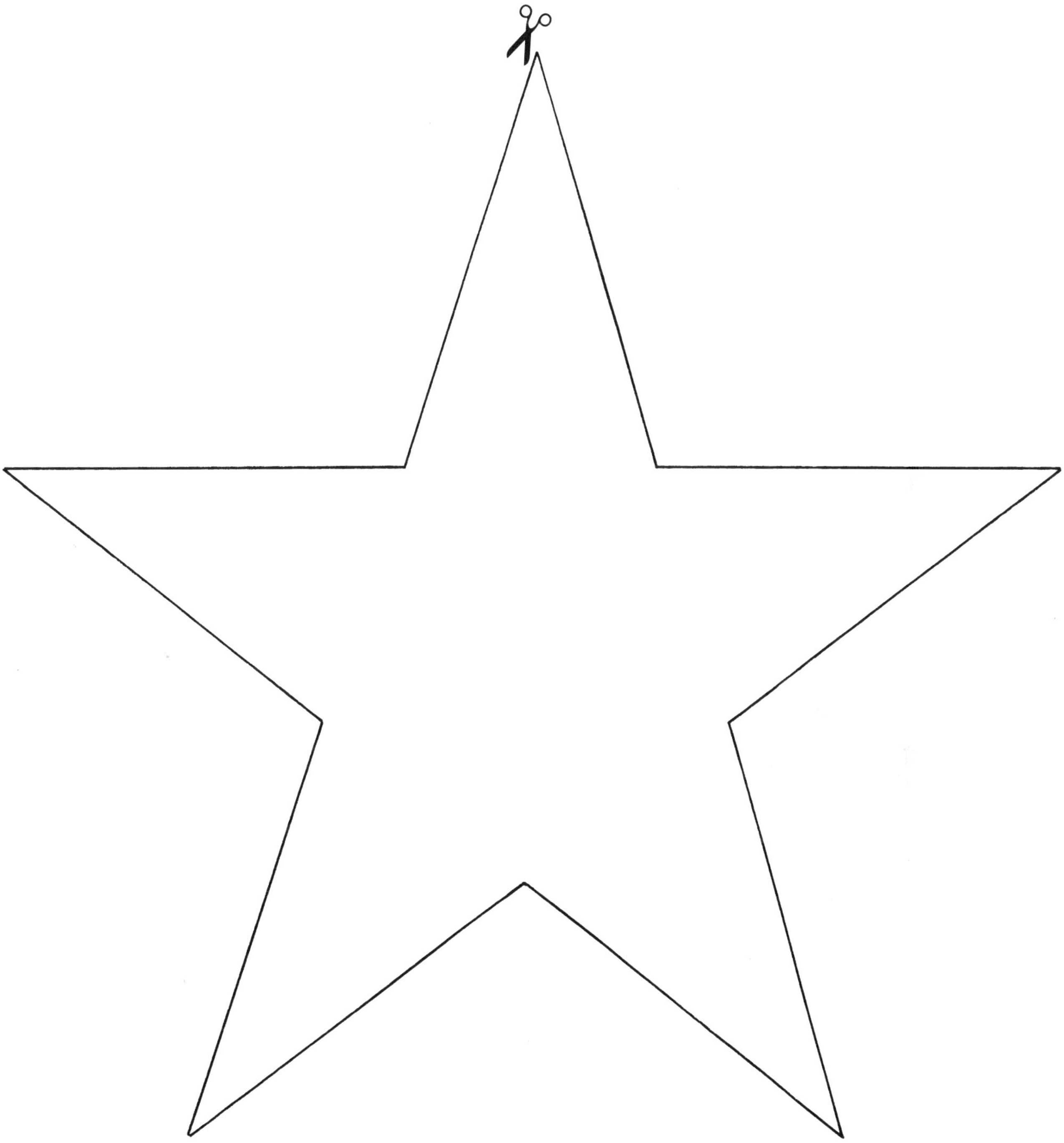

Station 8 — Unsere schöne Welt

„Gott hat unsere Erde mit all ihren schönen Dingen erschaffen – auch uns. Wir Menschen haben die Aufgabe, sie zu schützen und ihre Schönheit zu erhalten."

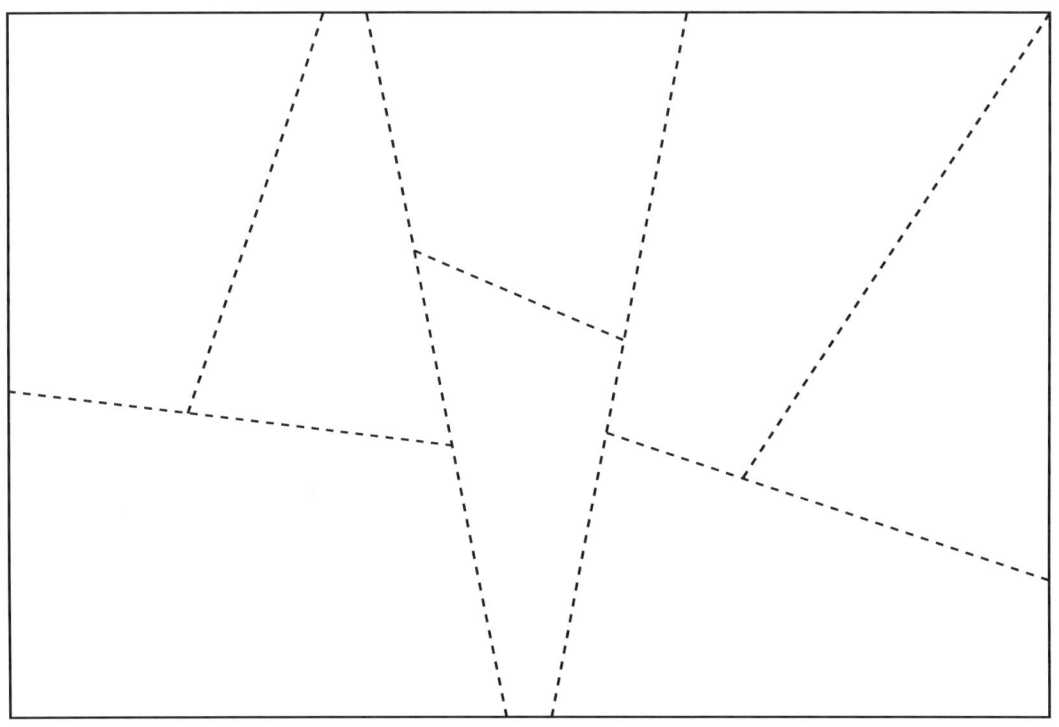

| **Station 1** | **Jona – Bildgeschichte** |  |

Aufgabe:
1. Nimm dir die beiden Arbeitsblätter.
2. Lies die Texte und schneide die Textkarten aus.
3. Schneide die Bilder aus und ordne sie den Texten zu.
4. Klebe beides in der richtigen Reihenfolge auf das Arbeitsblatt.
5. Male die Bilder aus.

| **Station 2** | **Gott ruft Jona** |  |

Aufgabe:
1. Lies das Arbeitsblatt.
2. Kennst du ähnliche Situationen, in denen du nicht wusstest, was du machen solltest?
3. Schreibe oder male sie auf.

Station 3 — Jona wird gerettet

Aufgabe:
1. Nimm dir ein Arbeitsblatt.
2. Lies dir die Geschichte durch.
3. Male dazu das passende Bild.

Station 4 — Jona im Bauch des Fisches

Aufgabe:
1. Nimm dir ein Arbeitsblatt.
2. Lies den Text.
3. Kannst auch du zu Gott sprechen, Gott danken oder ihn um etwas bitten?
4. Schreibe oder male in den Kasten.

Station 5 — Im Walfisch

Aufgabe:
1. Male den Fisch mithilfe der Schablone ab.
2. In die Mitte des Fisches kannst du Jona malen.
3. Gestalte den Fisch mit verschiedenen Materialien oder male ihn an.

Station 6 — Aus dem Fisch heraus

Aufgabe:
1. Nimm dir ein Arbeitsblatt.
2. Hilf Jona, den Weg aus dem Bauch des Fisches zu finden.
3. Zeichne den Weg mit dem Bleistift nach.

Tipp: Manchmal endet der Weg plötzlich.

Versuche einen anderen Weg.

Station 7 — Jona in Ninive

Aufgabe:
1. Nimm dir ein Arbeitsblatt.
2. Überlege dir, was Jona den Menschen in Ninive erzählt hat.
3. Schreibe es in die Sprechblasen.
4. Was würdest du tun, wenn du wüsstest, dass ein anderer Mensch in Gefahr ist?
5. Kreuze an und überlege selbst.
6. Schreibe es auf.

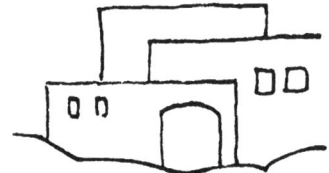

Station 8 — Gott verzeiht den Menschen

Aufgabe:
1. Nimm dir ein Arbeitsblatt.
2. Lies die Geschichte von Tina.
3. Überlege danach, wann du verzeihen kannst.
4. Kreise die wichtigen Wörter ein.
5. Schreibe eigene Wörter auf.

Station 1 — Jona – Bildgeschichte 1

Er erzählt den Menschen von Gott. Sie sollen Gutes tun, damit Gott sie beschützt.	Jona wird von Gott gerufen. Er soll nach Ninive gehen.
Jona geht auf ein Schiff.	Vom Fisch ausgespuckt, landet er in Ninive.
Es stürmt. Er wird ins Meer geworfen.	Ein großer Fisch schluckt Jona. Im Bauch bittet er Gott um Hilfe.

Station 1 — Jona – Bildgeschichte 2

Bild 1	Bild 2
Bild 3	Bild 4
Bild 5	Bild 6

Station 2 — Gott ruft Jona

Jona ist stolz, dass Gott ihn ausgesucht hat.
Er hat aber Angst und flieht vor seiner Aufgabe.

Auch ich bin schon einmal vor einer Aufgabe weggelaufen.
Ich hatte Angst, weil …

Station 3 — Jona wird gerettet

Jona sagte, dass er versucht hat, vor Gott wegzulaufen.

Deshalb sprach er:
„Werft mich ins Meer, damit sich der Sturm wieder beruhigt."

Jona fiel immer tiefer ins Meer. Auf einmal zog ihn etwas schnell in die Tiefe.

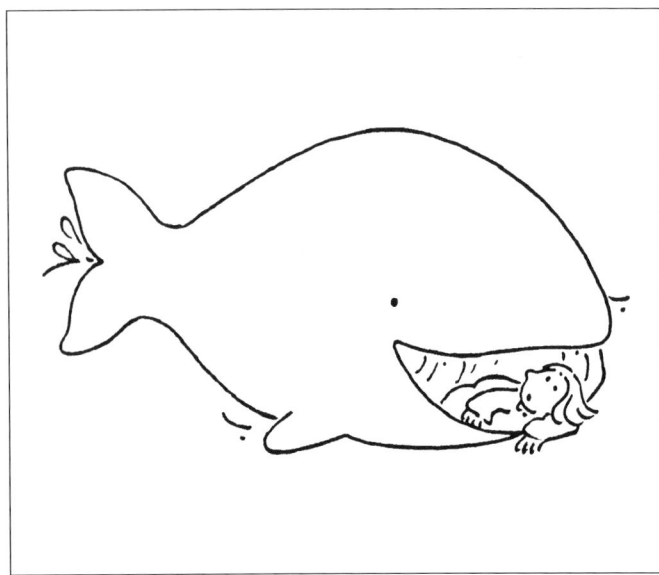

Jona landete in einer dunklen Höhle. Er war von einem riesigen Fisch verschluckt worden. Jona fing an zu weinen und sprach zu Gott.

Station 4 — Jona im Bauch des Fisches

Lieber Gott, bitte hilf mir aus der Not. Lass mich nicht alleine.

Ich werde den Menschen von deiner Hilfe und deinem Schutz erzählen.

Kannst auch du mit Gott sprechen oder beten?

Gott hört dich auch, wenn du in Gedanken mit ihm sprichst.

Station 5 — Im Walfisch

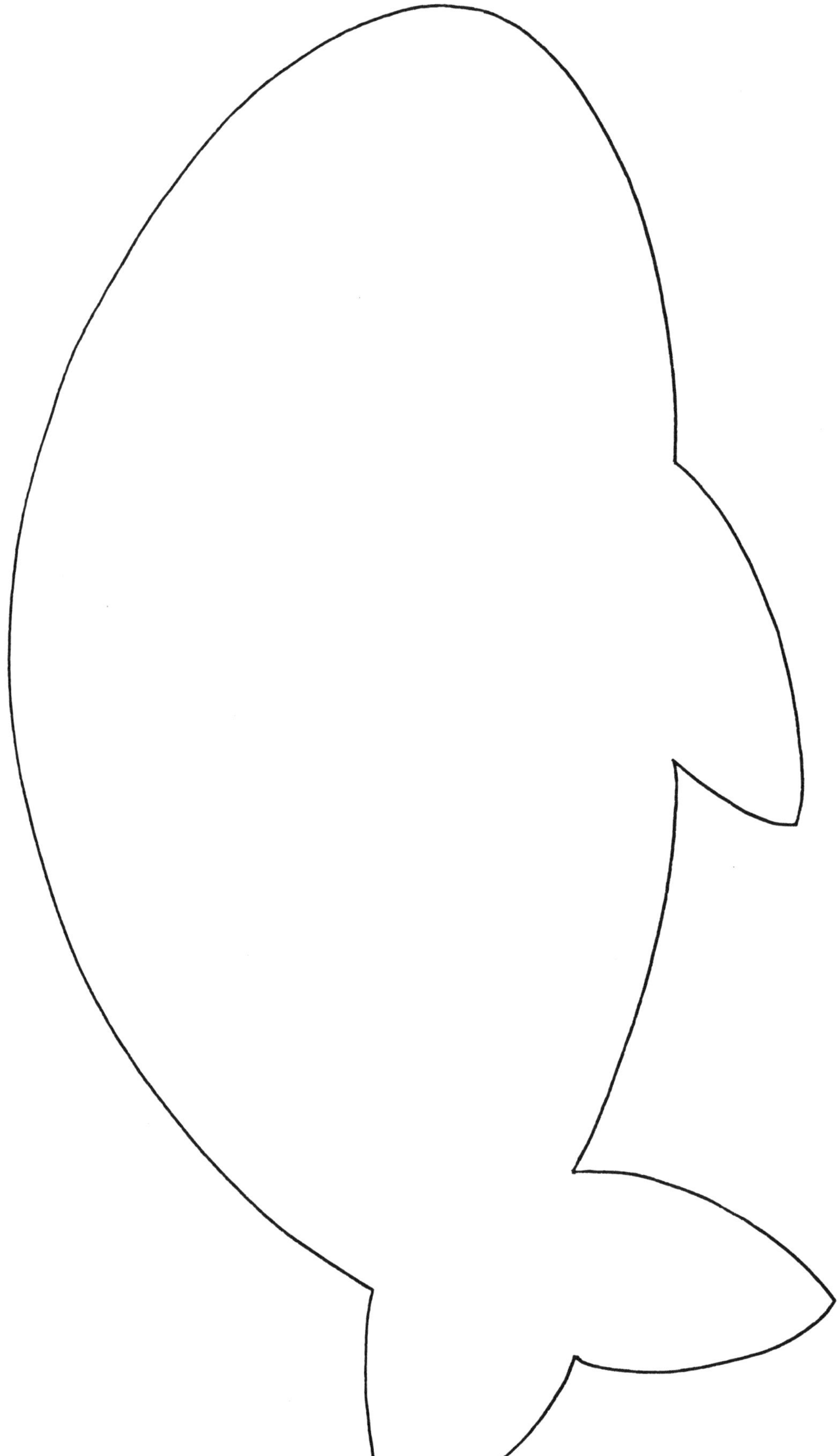

Station 6 — Aus dem Fisch heraus

Station 7 — Jona in Ninive

"Noch 40 Tage und Ninive wird zerstört."

Ich würde ...

- mit ihm reden ◯
- zugucken ◯
- helfen ◯
- nichts sagen ◯
- weglaufen ◯
- eine Lösung suchen ◯

Überlege selbst.

Station 8 — Gott verzeiht den Menschen

Tina hat einen neuen Füller bekommen. Er ist rot und wunderschön.
In der großen Pause spielt die Klasse 2a auf dem Schulhof.
Als Tina zurück in die Klasse kommt,
ist ihr neuer Füller plötzlich verschwunden.
Tina ist traurig und weint.

Stell dir vor, dass Tina ihren Füller wiederbekommt.
Was müsste jemand tun, damit du ihm verzeihen kannst?

```
                    lügen                              leid tun
    etwas Gutes tun (helfen)         zugeben

                Fehler nicht zugeben      ehrlich sein

    Ausreden erzählen
                       Fehler erkennen      sich entschuldigen
```

Findest du noch mehr?

_____
_____
_____
_____

> Gott sah, dass die Menschen sich änderten und Gutes taten.
> Er verzieh ihnen und zerstörte Ninive nicht.
>
> Gott verzeiht auch dir, wenn du deine Fehler erkennst
> und daraus lernst.

Station 1	Josef wird verkauft	

Aufgabe:
1. Nimm die beiden Arbeitsblätter.
2. Schneide die Bilder aus.
3. Sortiere sie in die richtige Reihenfolge.
4. Klebe die Bilder auf das Arbeitsblatt.
5. Schreibe zu jedem Bild einen Satz.
6. Male die Bilder bunt an.

Station 2	Josef in Ägypten	

Aufgabe:
1. Nimm die beiden Arbeitsblätter.
2. Schneide die Bilder aus.
3. Sortiere sie in die richtige Reihenfolge.
4. Klebe die Bilder auf das Arbeitsblatt.
5. Schreibe zu jedem Bild einen Satz.
6. Male die Bilder bunt an.

Station 3	*Josefs Gewand*	

Aufgabe:
1. Nimm dir ein Arbeitsblatt.
2. Beklebe das Gewand.
3. Verwende unterschiedliche Materialien.

Tipp: Denke daran, dass es ein teures, schönes Gewand ist.

Station 4	*Josef im Brunnen*	

Aufgabe:
1. Suche dir einen Partner.
2. Setze dich auf den Boden.
3. Stelle die Kiste über dich und schließe die Augen.
4. Dein Partner stell die Eieruhr auf 1 Minute.
5. Wie hast du dich in der Kiste gefühlt? Nimm dir ein Arbeitsblatt und schreibe es auf.
6. Wie hat sich Josef im Brunnen gefühlt? Schreibe es auf das Arbeitsblatt.

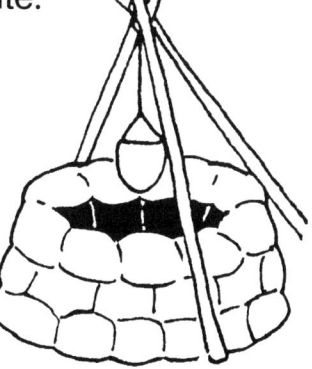

Station 5	*Neid und Eifersucht*	

Aufgabe: 1. Nimm dir ein Arbeitsblatt.

2. Lies die Geschichte von Julia und ihrem neuen Fahrrad.

3. Bearbeite die Aufgaben.

Station 6	*Träume*	

Aufgabe: 1. Nimm dir ein Arbeitsblatt.

2. Lies die Aufgabe.

3. Bearbeite sie.

Station 7 — Traumdeuter

Aufgabe:
1. Nimm dir ein Arbeitsblatt.
2. Lies die Träume des Mundschenks und des Bäckers.
3. Wer träumt was? Verbinde.
4. Lies die Bedeutung der Träume von Josef.
5. Verbinde Bedeutung und Traum.

Station 8 — Die Träume des Pharaos

Aufgabe:
1. Nimm dir ein Arbeitsblatt.
2. Lies die Aufgabe.
3. Bearbeite die Aufgabe.

| Station 9 | ***Josef und seine Familie feiern ein Versöhnungsfest*** |  |

Aufgabe: 1. Überlege dir, wie das Versöhnungsfest von Josef und seiner Familie aussah.

2. Male es.

| Station 10 | ***Rätsel zur Josefsgeschichte*** |  |

Aufgabe: 1. Nimm dir ein Arbeitsblatt.

2. Lies die Fragen und beantworte sie.

3. Die eingerahmten Buchstaben ergeben ein Lösungswort.

Tipp: Die Begriffe im Kasten helfen dir.

Station 1 — Josef wird verkauft 1

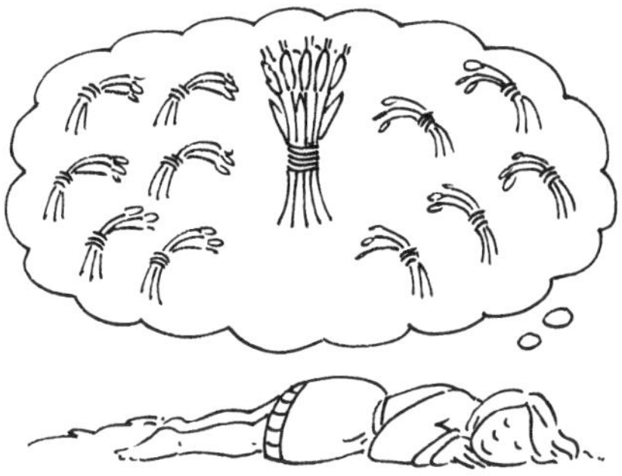

Station 1 — Josef wird verkauft 2

Bild 1

Bild 2

Bild 3

Bild 4

Bild 5

Bild 6

Station 2 — Josef in Ägypten 1

Station 2 — Josef in Ägypten 2

Bild 1	Bild 2
Bild 3	Bild 4
Bild 5	Bild 6

Station 3 — *Josefs Gewand*

Station 4 — Josef im Brunnen

So habe ich mich in der Kiste gefühlt …

So könnte sich Josef im Brunnen gefühlt haben …

Station 5: Neid und Eifersucht

Julia bekommt zu ihrem 7. Geburtstag ein neues Fahrrad geschenkt. Sie freut sich sehr. Ihrer Freundin Tina erzählt sie nur noch von ihrem tollen Geschenk. Tina ist neidisch. Sie überlegt, wie sie Julia einen Denkzettel für ihr Verhalten geben könnte.

1. Aufgabe:

Was könnte Tina sich ausgedacht haben?
Schreibe es auf.

2. Aufgabe:

Hast du auch schon einmal eine Situation erlebt, in der du neidisch warst?
Schreibe sie auf.

Die Brüder von Josef waren auch neidisch auf ihn, deswegen haben sie Josef in einen Brunnen geworfen und nach Ägypten verkauft!

Station 6 — Träume

Hattest du schon einmal einen besonderen Traum?

Wovon hast du geträumt?

Schreibe oder male deinen Traum auf.

Josef hatte auch besondere Träume. Was war Josefs erster Traum und warum waren seine Brüder darüber wütend? Schreibe auf.

Station 7 — Traumdeuter

Wer träumt was? Verbinde.

Bäcker

Ich war wieder frei.
Ich sah einen schönen Weinstock
mit 3 Reben und vielen Trauben.
Ich hatte den goldenen Becher
des Königs in der Hand.
In den Becher drückte ich
den Saft der Trauben aus.
Den guten Wein gab
ich dem König.

Mundschenk

Ich war wieder frei.
Ich ging auf der Straße mit
3 Körben auf dem Kopf.
In dem obersten lag
Backwerk. Vögel kamen
und pickten alles weg.

Welche Deutung passt zu welchem Traum? Verbinde.

Das ist ein schöner Tag.
Die 3 Reben sind 3 Tage.
In 3 Tagen bist du frei und
wirst wieder der Mundschenk
des Königs sein.

Dein Traum bedeutet nichts
Gutes. Noch 3 Tage, dann
wird dich der König bestrafen
und töten.

Josef

Station 8 — Die Träume des Pharaos

Josef deutet die Träume des Pharaos.

Schreibe weiter.

Josef sagt: „Die Träume bedeuten …"

Station 10: Rätsel zur Josefsgeschichte

1. Wie hieß Josefs Vater?
   _ _ _ _ ☐

2. Wo wurde Josef von seinen Brüdern hineingeworfen?
   _ _ _ _ ☐ _ _ _

3. In welches Land wurde Josef verkauft?
   _ _ _ _ _ _ ☐

4. Wie heißt die Hauptfigur in der Geschichte?
   ☐ _ _ _ _

5. Wie nennt man den König von Ägypten?
   _ _ ☐ _ _ _

6. Was kann Josef deuten?
   _ _ _ _ ☐ _

7. Warum schenkt Josefs Vater ihm ein neues Kleid? Weil er sein …
   _ ☐ _ _ _ _ _ _ _ _ _ _ _ ist.

8. Wo lebt Josefs Familie?
   _ _ _ _ ☐

| Zisterne   Josef   Lieblingssohn   Ägypten   Jakob   Pharao   Träume   Kanaan |

Lösungssatz: ☐ ☐ ☐ ☐ ☐ ☐ ☐ ☐ ist Josefs Bruder.

Station 1	*Wort-Kerze*	

Aufgabe: 1. Nimm dir ein Arbeitsblatt.

2. Sammele Wörter, die du mit Licht verbindest.

3. Schreibe oder male die Wörter um die Kerze herum.

Beispiel: So könnte dein Blatt aussehen:

Station 2	*Bild-Collage: Licht*	

Aufgabe: 1. Nimm dir eine Zeitschrift.

2. Suche darin nach Bildern, die du mit Licht verbindest.

3. Schneide sie aus und klebe sie auf ein weißes Blatt Papier.

4. Welche Farben verbindest du mit Licht?

5. Klebe verschiedene Materialien in diesen Farben auf dein Blatt.

Tipp: Suche in mehreren Zeitschriften.

Station 3 — Hell und dunkel

Aufgabe:
1. Nimm dir dein Arbeitsblatt und schau es dir an.
2. Schließe dann die Augen.
3. Erinnere dich an Situationen, in denen es hell war, aber auch an solche, als es dunkel war. Wie hast du dich gefühlt?
4. Schreibe deine Gefühle auf.

Station 4 — Die Kerze

Aufgabe:
1. Nimm dir ein Arbeitsblatt.
2. Sieh dir die Bilder genau an. Schreibe auf, was passiert, oder erzähle deinem Partner.
3. Eine Kerze (Licht) kann gut, manchmal aber auch schlecht sein.
4. Finde Beispiele, wann du Licht gut und wann du es eher schlecht findest.
5. Male oder schreibe es auf.

Station 5	**Tisch-Laterne**	

Aufgabe: 1. Nimm dir ein Arbeitsblatt.

2. Schneide das Bild am Rand aus.

3. Nimm dir eine Pinnwandnadel.

4. Stich entlang der Motive viele kleine Löcher aus.

5. Halte das Bild ins Licht.
Hast du genügend Löcher ausgestochen?

6. Klebe die weißen Enden aufeinander.

7. Stelle ein Teelicht in die Mitte der Laterne.

Achtung: Zünde die Kerze nur mit deinem Lehrer an und lasse sie nicht allein im Klassenzimmer.

Station 6	**Licht in der Dunkelheit**	

Aufgabe: 1. Nimm dir ein Arbeitsblatt.

2. Lies die Geschichte oder lasse sie dir vorlesen.

3. Hast du selbst schon etwas Ähnliches erlebt?

4. Male oder schreibe auf ein Blatt Papier, wie du dich dabei gefühlt hast.

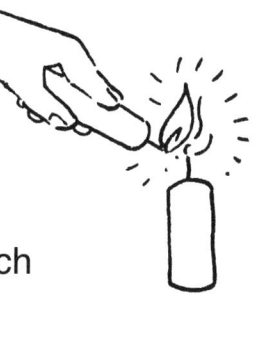

Tipp: Wenn du selbst so etwas noch nicht erlebt hast, überlege, was du in dieser Situation machen und wie du dich fühlen würdest.

Station 1

Wort-Kerze

Station 3 — *Hell und dunkel*

hell — dunkel

Wenn es hell ist, fühle ich mich …

Wenn es dunkel ist, fühle ich mich …

Station 4 — Die Kerze

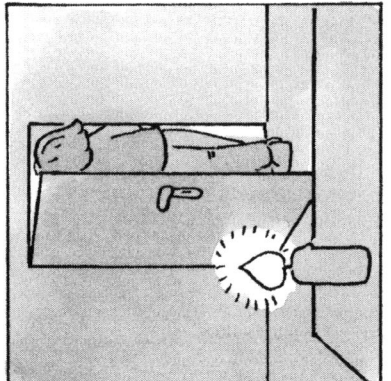

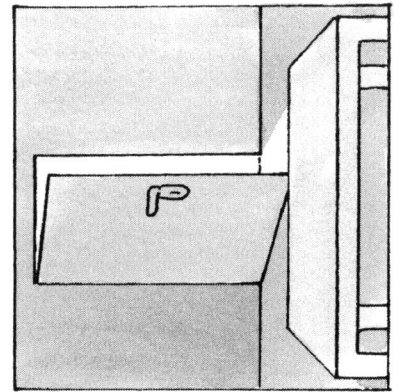

SCHLECHT

GUT

Eine  kann zum werden.

Station 5 — Tisch-Laterne

Station 6 — Licht in der Dunkelheit

Licht in der Dunkelheit

Es war schon später Abend. Draußen stürmte es.
Anna saß mit ihrer Familie um den Adventskranz.
Sie aßen Plätzchen und tranken warmen Tee,
als plötzlich das Licht im Zimmer ausging.

Überall war es dunkel, nur der schwache Schein
der Kerzen erleuchtete den Raum. Anna rückte näher
an ihre Mutter, um nicht in der Dunkelheit zu sitzen.
Durch ihre heftige Bewegung gingen alle Kerzen aus –
bis auf eine.

Da schaute sie die Kerzen an und sagte:
„Aber – ihr sollt doch brennen und nicht aus sein!"
Und beinahe fing sie an zu weinen.

Da sprach die Kerze: „Hab keine Angst, solange ich brenne,
können wir auch die anderen Kerzen wieder anzünden."

So nahmen sie das Licht dieser Kerze und erhellten
damit das ganze Haus.
Keiner musste mehr im Dunkeln sein.

Station 1 — Jesus segnet die Kinder

Aufgabe:
1. Nimm dir ein Arbeitsblatt.
2. Sieh dir die Bilder an.
3. Lies die Textstellen und ordne sie den Bildern zu.
4. Schneide sie aus und klebe sie in der richtigen Reihenfolge auf.

Station 2 — Auch ich gehöre zu Jesus

Aufgabe:
1. Nimm dir ein Arbeitsblatt.
2. Gestalte die Figur so, dass man dich erkennt.
3. Schreibe deinen Namen in die Schreibzeile.
4. Schneide die Figur aus und klebe sie auf das Plakat.

Beispiel: So könnte das Plakat aussehen:

Station 3 — Segen für Kinder

Aufgabe:
1. Nimm dir ein Arbeitsblatt.
2. Lies den Segensspruch.
3. Gestalte das Blatt.

Tipp: Du kannst passende Bilder zum Text malen.

Station 4 — Segnen

Aufgabe:
1. Suche dir einen Partner.
2. Nimm dir ein Arbeitsblatt.
3. Lies den Segen.
4. Überlege dir einen Segensspruch für deinen Partner. Was wünschst du dir für ihn?
5. Schreibe den Text in die Hand.
6. Lege dann deine Hand auf seinen Kopf und segne ihn mit deinem Wunsch.

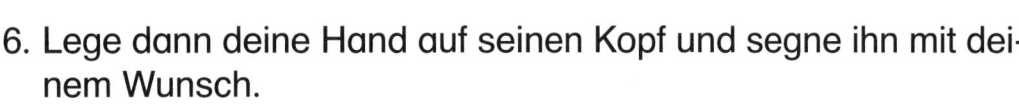

Tipp: Segnen bedeutet, sich etwas Gutes zu wünschen.

Station 5	*Gottes Schutz*	

Aufgabe: 1. Nimm dir ein Arbeitsblatt.

2. Lies den Text.

3. Der Schirm ist, wie Gott auch, ein schützender Begleiter.

4. Male ihn bunt an.

5. Überlege dir, wen Gott für dich beschützen soll. Male oder schreibe es unter den Schirm.

Station 6	*Was uns schützt*	

Aufgabe: 1. Nicht nur der Regenschirm oder die Hand bieten dir Schutz.

2. Es gibt weitere Symbole, die als Zeichen für Schutz stehen.

3. Nimm dir ein Arbeitsblatt.

4. Lies die Sätze und vervollständige sie.

Station 7 — Memory

Aufgabe:
1. Suche dir einen Partner.
2. Nehmt euch zwei Arbeitsblätter.
3. Schneidet die Bildkarten aus.
4. Überlegt gemeinsam drei weitere Memorykarten für die leeren Felder.
5. Spielt zusammen.

Station 1 — Jesus segnet die Kinder

Er legte ihnen die Hände auf und segnete sie.

„Lasst ihn damit in Ruhe!", sprachen die Jünger.

Eines Tages brachte man Kinder zu Jesus, weil er sie segnen und für sie beten sollte.

Doch Jesus sagte: „Lasst die Kinder zu mir kommen."

Station 2 — Auch ich gehöre zu Jesus

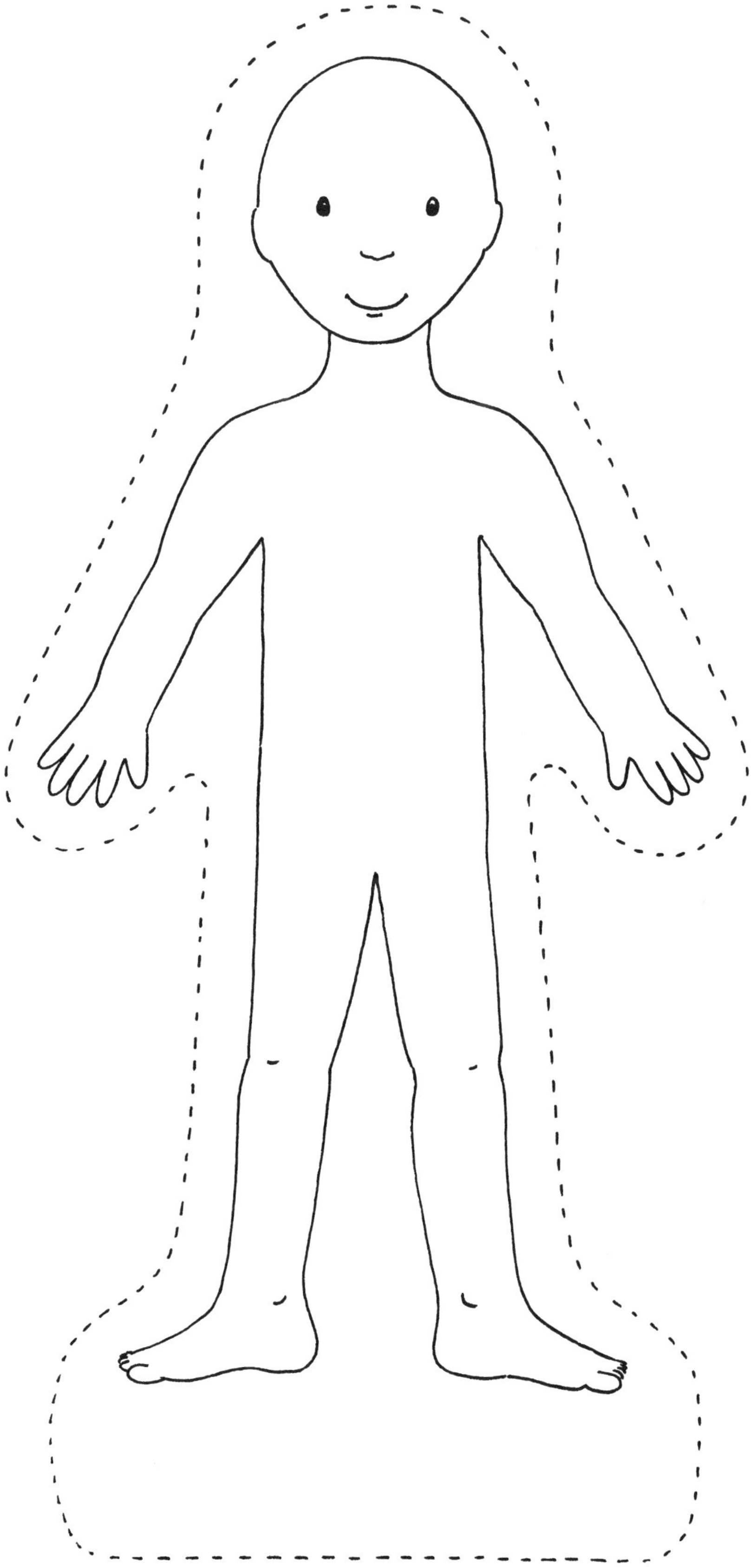

Station 3 — Segen für Kinder

Gott segne dich

Er schütze dich auf all deinen Wegen.
Er helfe dir bei Angst und Traurigkeit.

Er schenke dir Mut und gute Ideen,
damit du dich traust, Neues zu tun.

Er helfe dir, Gutes in der Welt zu entdecken und
die Menschen lieben zu lernen.

Station 4 — Segnen

Herr, wir bitten dich: Segne uns.
Halte deine schützenden Hände über uns
und gib uns deinen Frieden.

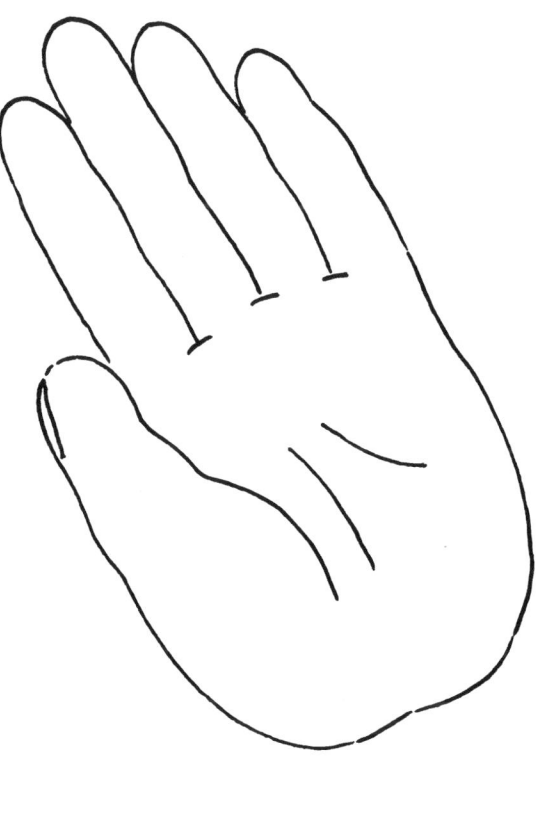

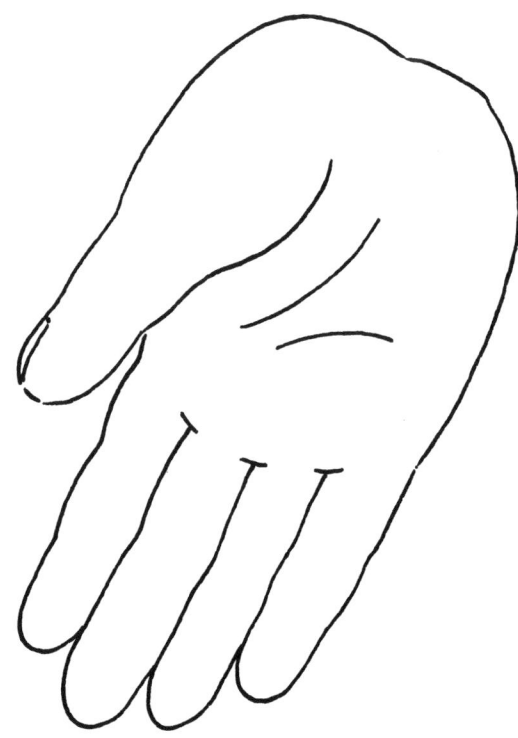

Station 5 — *Gottes Schutz*

So, wie dich der Schirm vor Regen und Nässe beschützt und dich auf deinem Weg begleitet, so steht auch Gott dir auf deinem Weg helfend zur Seite.

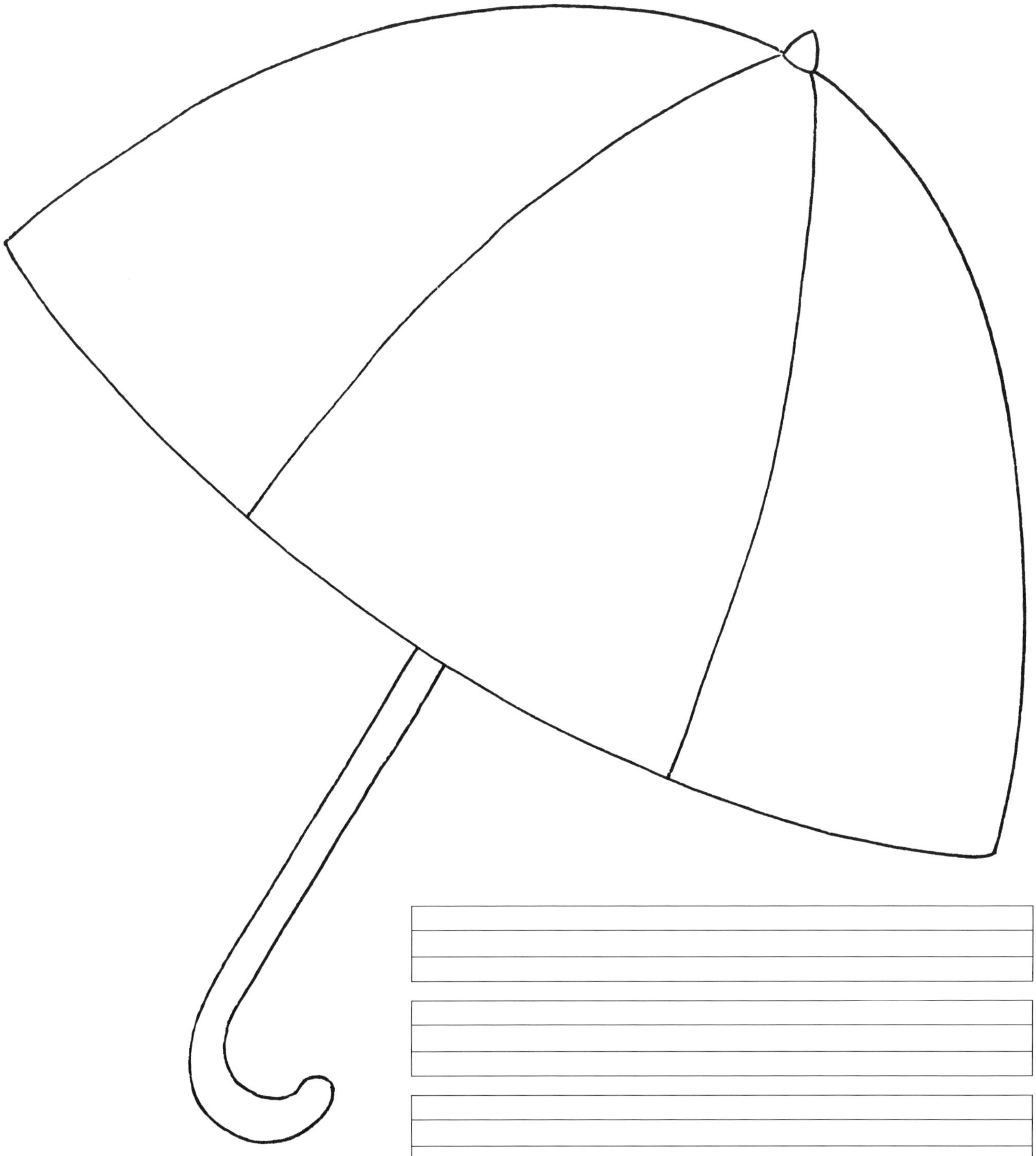

Station 6 — Was uns schützt

Symbole, die dich schützen.

Der Regenschirm schützt dich vor

Der Baum schützt dich vor

Das Haus schützt dich vor

Die Familie schützt dich vor

Es gibt auch Symbole, die nicht für Schutz stehen, aber eine wichtige Bedeutung haben. Kennst du sie?

Der Weg

Die Sonne

Das Herz

Die Hand

Station 7 — Memory

Schutz	Wegbegleiter	Jesus
Segen	Liebe	Wärme
Schatten	Zuhause	Geborgenheit

Laufzettel

 für _____

PFLICHTSTATIONEN

Stationsnummer	Erledigt am	Kontrolliert am
Nummer _____		
Nummer _____		
Nummer _____		
Nummer _____		
Nummer _____		
Nummer _____		

WAHLSTATIONEN

Stationsnummer	Erledigt am	Kontrolliert am
Nummer _____		
Nummer _____		
Nummer _____		
Nummer _____		

Lösungen

Ich bin einmalig – Wir leben nicht allein/Station 6

Unterschiede können sein:

Haarfarbe, Augenfarbe, Größe, Kleidung, Haarlänge, Junge oder Mädchen …

Ich bin einmalig – Wir leben nicht allein/Station 8

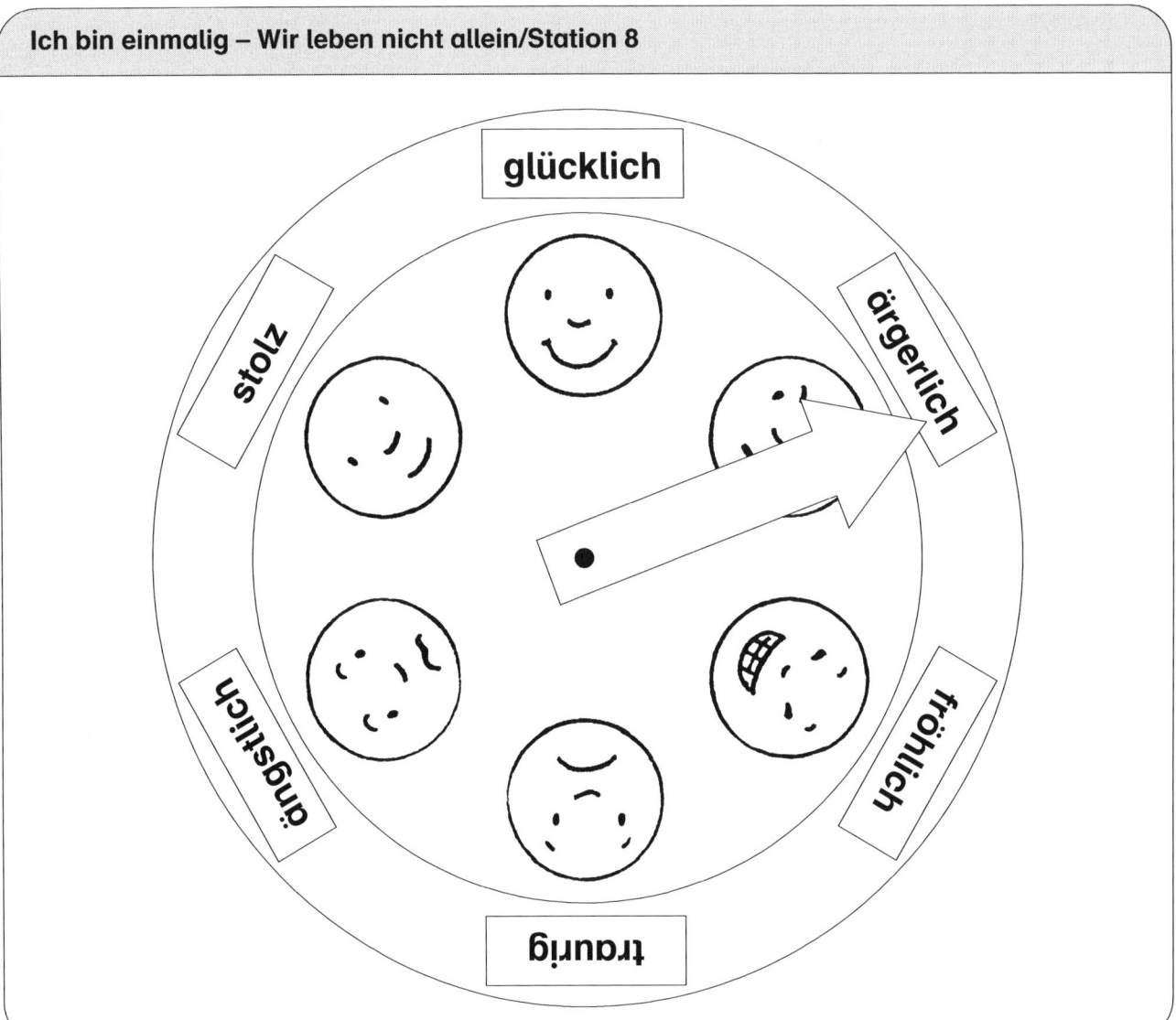

Schöpfung – Wir betrachten, was Gott hat werden lassen/Station 1

Gott, unser Schöpfer, wir loben dich von ganzem Herzen.

1. Tag

Die Erde war dunkel und leer.
Da sagtest du: „Es werde Licht!"

2. Tag

Umgeben von Licht breitest du
den Himmel und die Wolken aus.

3. Tag

Grüne Wiesen und Bäume
hast du auf der Erde wachsen lassen.

4. Tag

Der Mond steht am Himmel
und die Sonne wärmt uns!

5. Tag

Du lässt Vögel fliegen
und Fische im Meer schwimmen.

6. Tag

Menschen und Tiere dürfen
auf deiner Erde leben.

7. Tag

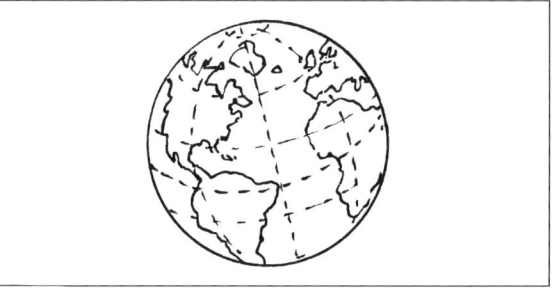

Die Welt ist voller Wunder,
die du uns geschenkt hast!

Schöpfung – Wir betrachten, was Gott hat werden lassen/Station 3

Sonne

Himmel

Wolken

Blumen

Vögel

Baum

Schöpfung – Wir betrachten, was Gott hat werden lassen/Station 6

Wie kannst du helfen, damit es der Erde gut geht? Kreuze das Richtige an.

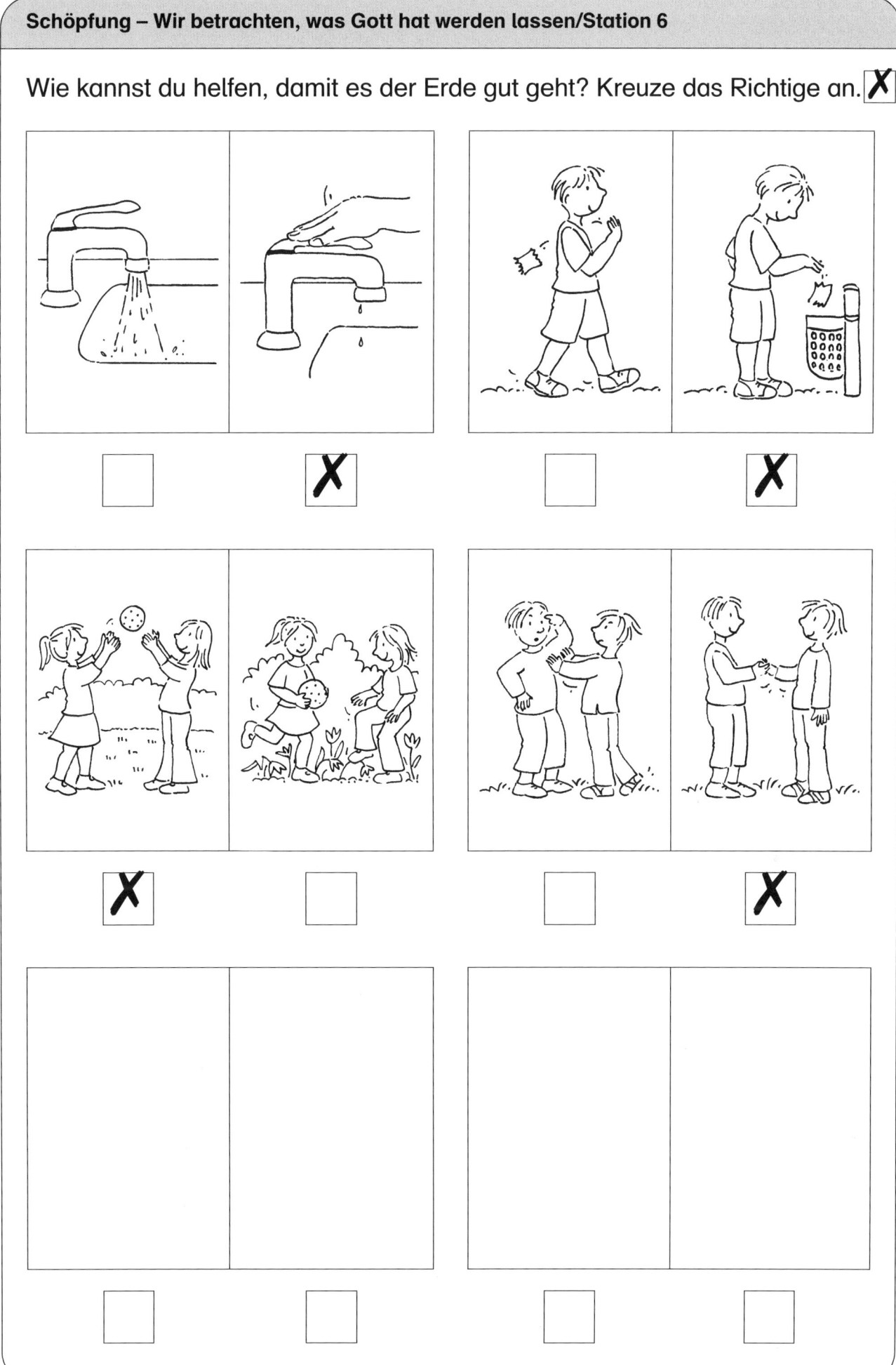

Schöpfung – Wir betrachten, was Gott hat werden lassen/Station 8

Gott spricht zu Jona/Station 1

Jona wird von Gott gerufen.
Er soll nach Ninive gehen.

Jona geht auf ein Schiff.

Es stürmt.
Er wird ins Meer geworfen.

Ein großer Fisch schluckt Jona.
Im Bauch bittet er Gott um Hilfe.

Vom Fisch ausgespuckt,
landet er in Ninive.

Er erzählt den Menschen von Gott.
Sie sollen Gutes tun, damit Gott sie
beschützt.

Gott spricht zu Jona/Station 6

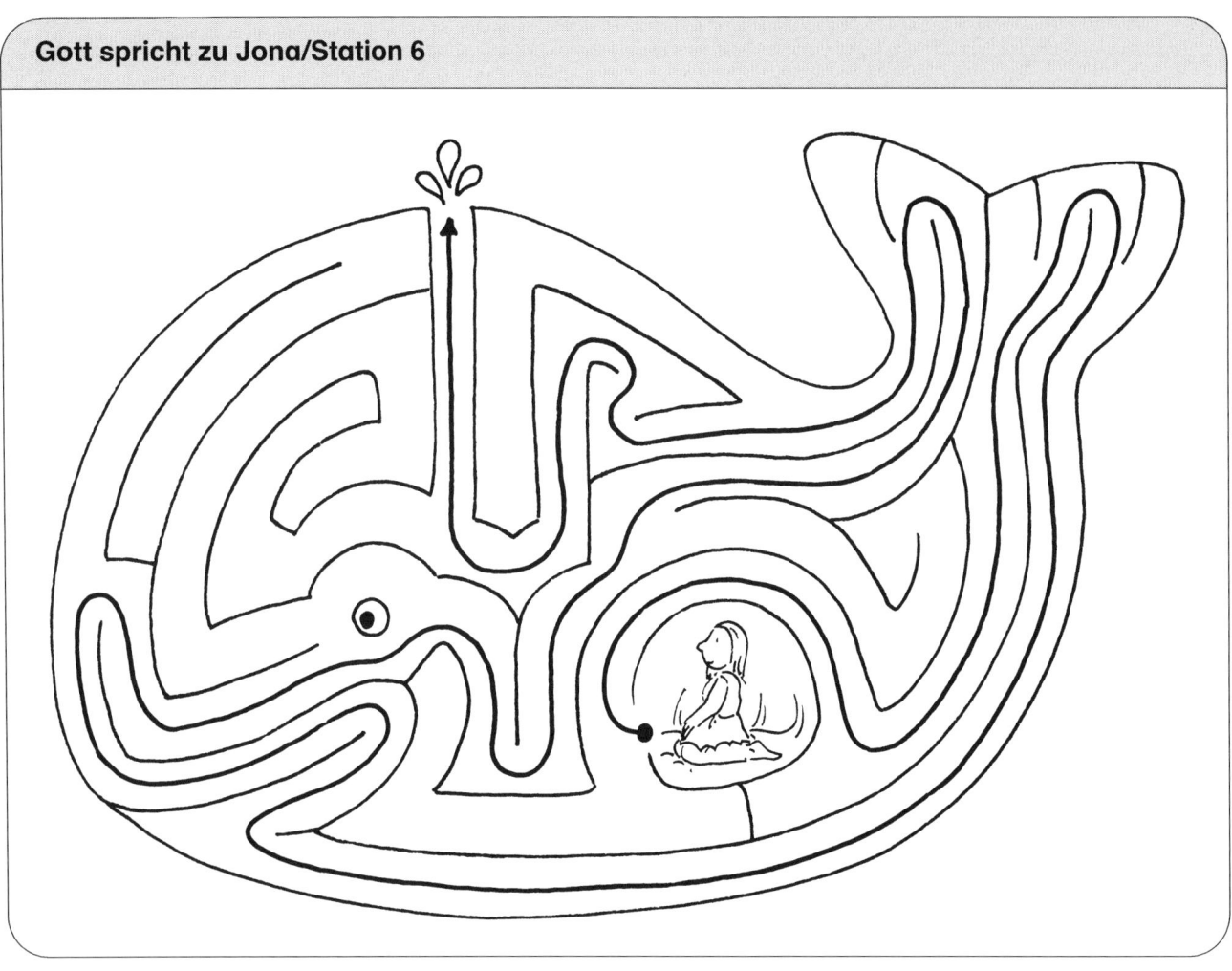

Gott spricht zu Jona/Station 8

Der andere müsste

etwas Gutes tun,

Fehler erkennen,

ehrlich sein,

sich entschuldigen,

er müsste seine Tat **zugeben**,

es müsste ihm **leid tun**.

Gott spricht zu Jona/Station 7

Ihr müsst euch ändern!

Beispiele:

Gott ist böse auf euch!

Noch 40 Tage und Ninive wird zerstört.

Ich würde …

| mit ihm reden ✗ | zugucken ○ | helfen ✗ |
| nichts sagen ○ | weglaufen ○ | eine Lösung suchen ✗ |

Überlege selbst.

_____
_____
_____
_____

Josefsgeschichte/Station 1

Jakob schenkt Josef ein Kleid.

Josefs Brüder verbeugen sich im Traum.

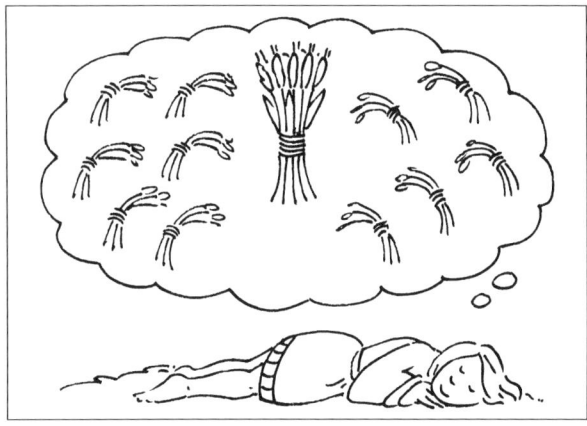

Josef träumt wieder.

Er wird in den Brunnen geworfen.

Josef wird verkauft.

Josef geht nach Ägypten.

Josefsgeschichte/Station 2

Josef deutet die Träume.

Josef hilft dem Pharao.

Ägypten sammelt Essen für die schlechte Zeit.

Josefs Brüder brauchen Hilfe.

Benjamin hat einen Becher im Korn und wird verhaftet.

Josef versöhnt sich mit seiner Familie.

Josefsgeschichte/Station 6

Antwortmöglichkeit:

Josef hat geträumt, dass sich 12 kleine Sterne vor einem großen Stern verbeugen.
Josef erzählte seinen Brüdern den Traum und behauptete, er sei der große Stern und seine 12 Brüder die kleinen Sterne.

Josefsgeschichte/Station 8

Antwortmöglichkeiten:

Der 1. und der 2. Traum bedeuten:

- 7 fette und 7 magere Jahre
- 7 gute und 7 schlechte Jahre
- Vorräte in den guten Jahren sammeln, damit in den schlechten Jahren ausreichend Essen vorhanden ist.

Josefsgeschichte/Station 10

1. Wie hieß Josefs Vater?

   J A K O [B]

2. Wo wurde Josef von seinen Brüdern hineingeworfen?

   Z I S T [E] R N E

3. In welches Land wurde Josef verkauft?

   Ä G Y P T E [N]

4. Wie heißt die Hauptfigur in der Geschichte?

   [J] O S E F

5. Wie nennt man den König von Ägypten?

   P H [A] R A O

6. Was kann Josef deuten?

   T R Ä U [M] E

7. Warum schenkt Josefs Vater ihm ein neues Kleid? Weil er sein …

   L [I] E B L I N G S S O H N ist.

8. Wo lebt Josefs Familie?

   K A N A A [N]

Zisterne Josef Lieblingssohn Ägypten Jakob Pharao Träume Kanaan

---

Lösungssatz: [B] [E] [N] [J] [A] [M] [I] [N] ist Josefs Bruder.

Symbol: Licht/Station 1

Mögliche Lösungswörter:

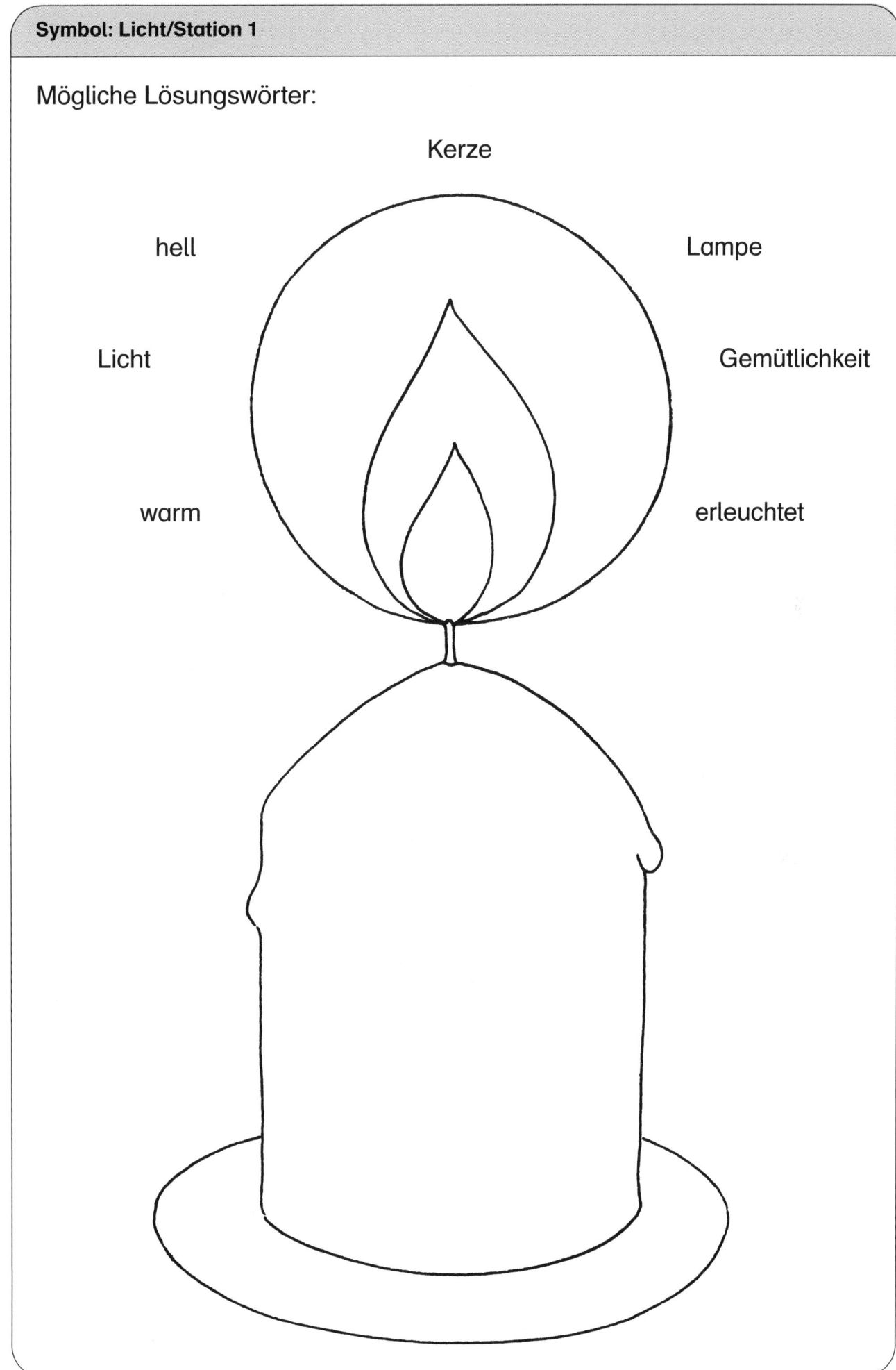

Kerze
hell
Lampe
Licht
Gemütlichkeit
warm
erleuchtet

Symbol: Licht/Station 4

Der Raum ist dunkel.

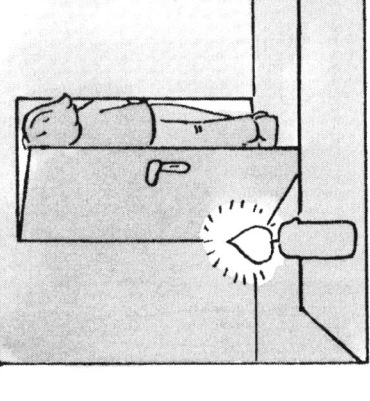

Jemand entzündet eine Kerze und freut sich.

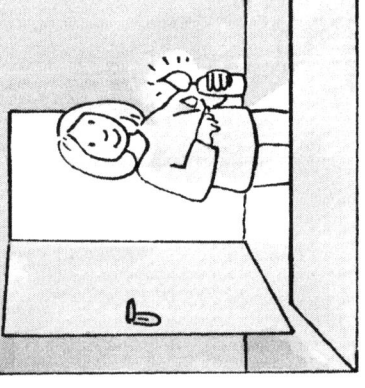

Die Person verlässt den Raum, ohne die Kerze auszupusten.

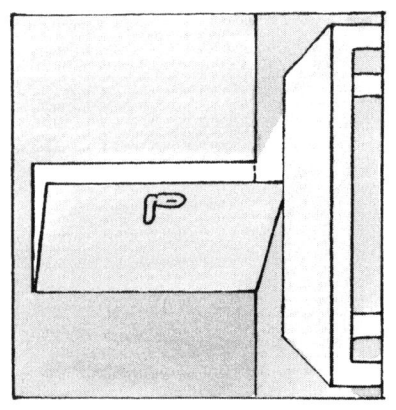

Das Zimmer brennt. Die Person ist schockiert.

GUT

Erhellt einen Raum.
Macht ihn gemütlich.
Im Dunkeln kann man sehen.

SCHLECHT

Kann ein Feuer entzünden.
Menschen können verbrennen.

Eine  kann zum  werden.

Jesus wendet sich den Kindern zu/Station 1

Eines Tages brachte man Kinder zu Jesus, weil er sie segnen und für sie beten sollte.

„Lasst ihn damit in Ruhe!", sprachen die Jünger.

Doch Jesus sagte: „Lasst die Kinder zu mir kommen."

Er legte ihnen die Hände auf und segnete sie.

Josef wendet sich den Kindern zu/Station 6

Symbole, die dich schützen.

 Der Regenschirm schützt dich vor

Regen,

 Der Baum schützt dich vor

Sonnenstrahlen,

 Das Haus schützt dich vor

Kälte,

 Die Familie schützt dich vor

Gefahren,

Es gibt auch Symbole, die nicht für Schutz stehen, aber eine wichtige Bedeutung haben. Kennst du sie?

 Der Weg

Wegbegleiter Gott/Jesus

 Die Sonne

Wärme

 Das Herz

Liebe

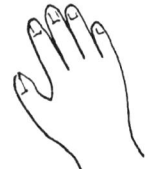 Die Hand

Segen